新形势下的厂商共赢

谭鑫斌　著

中国商务出版社

·北京·

图书在版编目（CIP）数据

新形势下的厂商共赢 / 谭鑫斌著 . -- 北京： 中国
商务出版社， 2024.8. -- ISBN 978-7-5103-5312-3

Ⅰ . F713.3

中国国家版本馆 CIP 数据核字第 2024MD3029 号

新形势下的厂商共赢

XIN XINGSHI XIA DE CHANGSHANG GONGYING

谭鑫斌 著

出版发行：中国商务出版社有限公司

地　　址：北京市东城区安定门外大街东后巷 28 号 邮编：100710

网　　址：http://www.cctpress.com

联系电话：010-64515150（发行部）　　　010-64212247（总编室）

　　　　　010-64269744（商务事业部）　010-64248236（印制部）

责任编辑：徐　昕

排　　版：廊坊市展博印刷设计有限公司

印　　刷：廊坊市蓝海德彩印有限公司

开　　本：787 毫米 × 1092 毫米　1/16

印　　张：11　　　　　　　　　　字数：223 千字

版　　次：2024 年 8 月第 1 版　　　印次：2024 年 8 月第 1 次印刷

书　　号：ISBN 978-7-5103-5312-3

定　　价：78.00 元

前　言

厂商共赢强调的是在商业合作中实现双方或多方的共同成功和利益。这种合作模式基于相互尊重、信任和共享资源，旨在通过协作达到互利共赢的目的。具体来说，厂商共赢的实践包括：①建立忠诚与共识。厂商之间通过建立长期的忠诚关系和共同的理念，促进合作和互信，从而实现共赢。保持及时、真诚的信息沟通与交流。通过开放和诚实的沟通，厂商可以更好地理解彼此的需求和期望，促进更有效的合作。②打造厂商联盟。通过结成战略联盟，厂商可以在控制市场和持续经营方面发挥协同作用，从而实现比单独行动时更大的成功。③尊重和共享资源。在合作中，厂商应该尊重彼此的贡献，并共享资源和知识，以实现共同的增长和成功。④追求共同目标。通过共同努力实现双方的目标，厂商可以在竞争激烈的市场环境中取得更大的成功。总之，厂商共赢是一种合作理念，强调通过相互支持和协作来实现所有参与方的共同目标。这种模式不仅有助于提升企业的竞争力，还能促进建立长期的商业伙伴关系。

基于以上理念，笔者撰写了《新形势下的厂商共赢》一书。该书深入探讨了在新形势下，厂家如何拓宽渠道、找寻合适的经销伙伴，以及如何洞悉市场、把握市场、占据市场等内容，同时，也对如何管理下游经销商进行了研究；经销商如何建立起自己的思考模式和能力，以提高自身的经营内生力，并倡导经销商要发自内心地对接厂家，使双方在思维和操作层面上真正达到理解一致、步调一致，只有这样，双方联合才能取得品牌推广的胜利和自身生意的营利，让经销商老板们更加轻松地开展生意，同时也让生意也变得更加有意义。这些正是新时代经销商所需要的。

全书内容包括以下三点。

（1）本书将从厂商的角色认知和生意本质入手，提出新时期应有的厂商合作理念，从思想层面阐述经销商应该与厂家资源互补，强强联合，高度协同开展相关工作。只有这样，才能在厂商合作中发挥自身的价值，成就自我，成就双方。

（2）从经销商确立经营战略入手，提出经销商应该设计自己的经营定位，并从选择行业及具体的合作厂家两个层面使经营定位落地。同时，对厂商合作年度合同这一关键动作进行细致阐述，并给出具体的方法及工具，经销商可以参照执行，确保经销商选择做正确的事，为打造成功的厂商合作奠定基础。

（3）从微观的层面入手，全面阐述厂商日常工作对接的各个方面的实战做法，这是本书的核心内容，涵盖了厂商合作的主要对接工作。既列举了经销商面临的对接困惑，又提出了经销商可以主动采取的管理方法和工具，可以在很大程度上解决经销商目前面临的对接困惑，有助于提升内部管理能力。

　　本书的核心内容是针对各行各业的经销商读者，为兼顾行业中数量众多的读者群体，书中的很多案例和工具方法来源于快速消费品行业和工业品行业，这些内容对于经销商老板和内部管理人员来说都是最佳的阅读书籍。当然，需要指出的是，生意五花八门，三百六十行存在很大的运作差异，我无法在书中讲透所有的问题，但厂家和经销商之间的合作本质是相通的。本书介绍的理念、方法和操作工具，只要读者认真领悟、用心钻研，一定会大有裨益。

　　同时，本书也非常适合那些以经销商渠道进行业务的厂家管理人员阅读。厂家管理人员能够站在经销商的角度换位思考，理解经销商的想法，以便更好地与之对接，建立互信的关系，从而制定出更符合市场需求的方案。

　　在全书的撰写过程中，笔者参考和借鉴了大量国内外相关专著、论文等理论研究成果，在此，向其作者致以诚挚的谢意。

　　在编写过程中，笔者不仅对前辈学者的研究成果有所参考和借鉴，同时也注重将自身的研究成果充实其中。尽管如此，囿于笔者学识的局界，本书瑕疵之处难以避免，切望同行专家及读者能够提出宝贵批评和建议。

谭鑫武
2024 年 7 月

目　录

第三节　厂家化解经销商的抱怨 ……………………………107

第四节　厂家如何正确避免节日渠道压货 …………………120

第七章　经销商应对厂家 ……………………………………123

第一节　经销商"细看"厂家 ………………………………123

第二节　与厂家的关系处理 …………………………………133

第三节　厂家年末压货背后的逻辑与经销商应对策略 ………137

第八章　创新厂商关系 ………………………………………143

第一节　厂商关系的变异 ……………………………………143

第二节　厂商合作关系的新机会 ……………………………145

第三节　新型厂商关系的构建模式 …………………………148

参考文献 ………………………………………………………168

第一章 绪论

厂商是商品经济的产物，厂商关系问题是商品经济发展带来的问题，这个问题也伴随着我国市场经济的发展而产生。改革开放以来，我国经济体制改革的实质是从传统的计划经济转向现代的市场经济。市场经济体制有力地推动了我国经济的发展，其主要表现就是商品供给量大大增加，市场正从卖方市场向买方市场转变。供大于求是市场的主要特征，消费品市场正向买方市场转变，由此导致的厂商关系矛盾已经产生。厂与商之间的矛盾从受到普遍关注的进场费问题就可见一斑。上海炒货行业协会与著名跨国零售巨头家乐福有关进场费问题的谈判破裂，包括阿明、正林、台丰等在内的10家知名炒货企业集体暂停向家乐福超市供货，事件发生后，上海百货、家交电、副食品、冷冻食品等10多家行业协会都表示声援和支持。可见，制造商与零售商之间的矛盾冲突已不容忽视。在科学技术迅猛发展的今天，信息化、网络化使得运输和通信的效率大为提高，厂商关系问题在这种技术背景下显得尤为突出和特殊。

厂商之间的激烈矛盾引起了各界的关注，对于这个问题的报道也是越来越多。《中国经营报》、《销售与市场》杂志等对厂商矛盾冲突有过很多的报道，并提出了解决问题的操作性的方案。一边是厂对商的苛刻的进场条件的抱怨，一边是商对进场费的辩解，双方各执一词。那么，到底是什么原因导致厂商之间的矛盾冲突呢？商为什么能够在渠道中拥有对厂的话语权呢？厂与商应该是什么样的关系呢？下面要深入探究产生这种矛盾的深层次的原因，进而探索厂商关系的主要特征以及理想模式，试图从理论上对这个问题有新的认识。

第一节 厂商的概念界定

"厂"和"商"是广泛的概念，但本书不是要研究所有的"厂"与所有的

"商"之间的关系，这里有必要对"厂"和"商"做个界定。

"厂"的英文解释有很多，例如，manufacturers，enterprises，factories，等等。manufacturers的意思是"制造商；工厂；制造厂"。enterprises的意思是"企事业单位、公司、商号"，与firms的意思相差无几。factories的释义是"工厂、制造厂"，不包括商行、商号的意思。辞海对"厂"的解释是"工厂，指用机械制造生产资料或生活资料的工场"，其对"厂商"的定义为"中国旧时盐商的一种，四川各场设灶煎盐的商家称灶商，有盐井的商家称井商，二者又统称为厂商；19世纪末叶中国出现近代工业以后，新开设的使用机器的工厂厂主通称为厂商，有时工厂和商号亦合称厂商"。马克思研究的"厂"指的是由于机器在生产过程中的运用而从工场手工业发展而来的工厂，马克思赞成尤尔对工厂的描述"一个由无数机械的和有自我意识的器官组成的庞大的自动机，这些器官为了生产同一个物品而协调不间断地活动，因此它们都受一个自行发动的动力的支配"。它还有另外两种表现形式——现代工场手工业和现代家庭劳动。可见，不论是辞典还是经济学著作，对"厂"的解释基本上都是从事生产制造的工厂。

辞海对"商"的解释是"贩卖货物，也指从事商业的人"，也就是"商贾"。"商"的英文解释也有很多，例如，merchants，traders，businessmen，retailers，dealers，等等。merchants指的是经营某种商品的商人，尤其是指批发商、外贸批发商。wholesalers指的就是批发商，与merchants的含义类似，批发商将货物卖给分销商而不是公众，他们卸货之后以比购进时小的数量出售。traders包含了非正式的含义，指的是那些走街串巷的小商贩。dealers指的是专门出售某类物品的商人。business指的是商业机构，businessmen是从事工商业的人。retailers指的是零售商。费尔南·布罗代尔对"商"的概念随其所研究对象的变化而有所不同。在其研究初级集市里的"商"指的是各种小商小贩，从"拨豆荚的女人"到"私下兜售的小贩"，他们是初级集市的参与者，这种小商小贩从本质上看就是"行商"。在集市不断发展的同时，它遭遇了来自店铺的激烈竞争，欧洲最早开设店铺的是手工工匠，他们在自己的店铺门口售货，因此工匠们既是生产者又是销售者，手工工匠们也是一种"商"，应称之为"坐商"。随后的商人们之间出现了不同的类别和等级，分为大商人和小商贩，强调这个区别的原因在于这两种商人与生产者的关系是不一样的。在马克思那里，"商"实际上指的是商人资本，商人资本亦称商业资本，分为商品经营资本和货币经营资本。

本书所说的"厂"不是特指生产企业（manufacturers，factories），而是指供应商，是指渠道中所有不与最终消费者发生买卖关系的商品供给企业，也就是渠道中除了零售商之外的企业，包括生产制造企业（manufacturers）、批发商（wholesalers）、代理商（agents）、经销商（dealers）等，范围要远远大于生产企业（manufacturers， factories）；"商"也不是指各个层次的"商"，而是专指零售商（retailers），是提供最终品，与消费者直接发生买卖关系的企业，不是指中间产品的销售商，这是本书的"商"的特点。即便是消费品零售商，这个"商"的范围要小于普遍意义上的"商"，本书不是泛论一切零售企业，只有那些具有一定企业规模和市场力量的现代零售商才是本书研究的重点，例如，大型连锁超市、大卖场等等，因为现在引起普遍关注的是那些新兴的商业形态。本书的"厂商"也不是西方经济学中所说的含义，西方经济学中的"厂商（firms）"是指能够做出统一的生产决策的单个经济单位。牛津经济学辞典对"firms"的定义是：它是分散经济中的基本的决策单位，有关企业的理论勾画出了在假定企业的目标是利润最大化、规避风险和长期增长的前提下企业的行为。很多企业是专营商，另外一些是合伙企业，更大的企业通常是以公司的形式出现的。牛津英汉双解字典对"firms"的解释是"公司、商行、商号"，它指的是普遍意义上的企业。与上述定义不同，本书的"厂商"不是单个的经济单位，而是强调了上文界定的"厂"和"商"之间的关系，才将"厂"和"商"连起来使用。

第二节　厂商关系的表现形式

一、厂商一体

在简单商品生产时期，社会的生产方式还比较单一、落后，普遍被采用的生产形式就是前店铺后作坊，后面是生产作坊，前面是门店销售作坊生产的产品，这种情况下的厂与商是一体的，也就无所谓厂商关系问题。前店铺后作坊（前店铺后工厂）不只是简单商品生产时期的产物，现代经济中也有前面是门市营业，后面附设工厂、车间的零售店，在落后的简单商品生产阶段，前面营业，后面是生产作坊。前店铺后作坊与特定的市场环境有关，我国计划经济时期也存在前店铺后工厂的现象。在简单商品生产时期，人们的消费水平非常低，消费的内容贫乏得多，交易的频率不是很高。生产作坊生产的产品就可以满足这些需要。在那个时候，交通和通信手段相当落后，作坊主不可能将作坊和销售门店设在距离很远的不同的地方，于是只有采取前店铺后作坊的方式，同时经营作坊和门店，厂商之间只有采用一体的方式，通常情况下他们的住所就是作坊。事实上，厂商一体用现代的营销术语来表达就是直销，因为生产者直接将产品销售给消费者，没有中间人的介入。这种直销形式暂时可以满足规模小且分散的消费状况。

前店铺后作坊的生产方式也存在于复杂经济时期，在欧洲，最早开设店铺的是手工工匠，他们在自己的店铺门口售货，手工工匠既是生产者又是销售者。在我国唐朝，生产陶瓷产品的陶氏在其手工作坊前面开设了门市销售作坊中生产的陶器，陶氏兼任了生产者和商人的双重角色。马克思在《资本论》第三卷里进行过这样的描述"在以前那种小规模进行生产的生产方式下，撇开生产者自己直接以实物形式消费的大量产品和以实物形式缴纳的大量贡赋不说，很大一部分生产者把他们的商品直接卖给消费者，或者为消费者的私人订货而生产"。前店铺后作坊的一体的厂商关系与当时的经济发达程度低、交通的不便利以及通信手段落后的现实是分不开的。但是，随着通信和运输的发展，远程贸易逐渐发展起来，厂与商也渐渐分开了，厂商关系处于不断地演变之中。

厂商一体的关系模式不仅仅存在于简单商品生产时期，通信和交通都非常发达的现代市场经济中的纵向一体化也是其一种表现形式。当零售商的资金、品牌等实力很强大时，他们就有可能通过后向一体化的方式整合上游资源。当供应商具有充分的销售和管理能力时，也可能自建销售网络，进行前向一体化。在现代经济中，不论是零售商的后向一体化还是供应商的前向一体化，都与通信技术和交通的日益发达密切相关。先进的通信技术增强了供应商和零售商控制整个供应链的能力。从理论上看，厂商纵向一体化由于消除了双重加价而增加了消费者福利，但实际中这个问题与供应商或者零售商是否发挥垄断势力有关。

二、厂支配商

厂商关系问题产生于简单商品经济时代，在复杂商品经济时代它更有其不同的表现形式，厂支配商就是其中之一。厂支配商的关系中，市场的主导权掌握在供应商手中，很多的时候就直接掌握在生产厂家手中，生产什么，生产多少以及商家的进货价格都取决于生产厂家的意愿。从宏观的角度来看，厂支配商的情况多发生在短缺经济时期，在短缺经济中，供给严重不足，拥有产品的厂家具有满足消费者需求的能力，这就赋予了厂家支配商家的权力。随着城市的发展，人们逐渐摆脱了自给自足的自然经济状况，商家成为他们满足自身需要的主要渠道。因此，人们对产品和服务的需求在不断增加。这就造成了供给小于需求的短缺的经济状况，从而使得生产厂家在市场中扮演了更为重要的角色，厂家生产什么，商家就卖什么，生产制约着消费。此时产生的营销观念是生产观念，消费者对产品的需求远远大于供给，厂家只要有产品就不愁卖不出去。商家面对需求旺盛的市场，必须从生产厂家得到商品才能够满足需求。在我国计划经济时代，人民群众日益增长物质文化需要同落后的社会生产之间的矛盾是社会的主要矛盾，当时的厂商交易就出现了商家向厂家求货的现象。厂支配商的关系还可以从微观的角度来考察，具体到某一个厂家来看，当厂家的品牌知名度和美誉度非常高时，即使是在买方市场环境中，尤其是在日用消费品行业产品高度同质化的今天，这种品牌仍然是一种稀缺资源，它成为厂家得以支配商家的砝码，这样的厂家可以对产品的摆放、广告、价格等方面对商家进行干预。

厂支配商的关系会导致厂家之间缺乏竞争，厂家可以任意决定产品的价格，任意决定产量和产品的种类，丝毫不根据市场需求来组织生产，资源被极大浪费，得不到有效的配置。厂支配商会有损于商家的利益，因为厂家为了自己的利益行使支配权力的时候并不会考虑对商家的影响。厂支配商也会对消费者造成不利影响，因为厂支配商的关系状况下，厂家只是根据自己的意愿选择生产的种类和数量以及确定商品的价格，并不是根据消费者的需求来调节生产，消费者的个性化需求得不到有效的满足，所以不论厂支配商的关系模式能够为厂家带来多少好处，这终究说明了市场权力处于不均衡状态，从而市场均衡也很难达到，就更不可能实现帕累托最优。

厂支配商的关系状态有可能会演变为厂家的单边垄断这种极端的表现形式，供应商是卖方垄断的，零售商是完全竞争的。单边垄断的供应商可以制定使自身利益最大化的价格使自己获利而不顾其对零售商和消费者的利益的影响，从而有可能造成社会福利的损失。

三、商支配厂

商支配厂的关系中，商家掌握了市场的主导权，在与厂家的交易过程中，商家对价格、数量、付款期限等条件的决定有绝对的影响力，他们甚至可以要求厂家生产什么，生产多少。大工业时期之前，随着生产技术和交通运输的发展，长距离的商品运输成为了可能，商品的生产形式发生了改变。此时典型的一种生产形式就是包买商制度，包买商采购原料，包给一些以家庭生产为主要形式的小作坊生产指定的产品，并预付部分工资，然后包买商再收购这些产品并卖给远处的市场，包买商要求生产什么，生产者都要按照他的要求进行生产。布罗代尔对包买商制度进行了深入的研究，"行会师傅自己往往也成为雇佣劳动者，他依附于商人，商人向行会师傅提供往往需要从远方进口的原料，随后又确保呢绒绸缎等制成品的出口和销售"，于是"商人通过提供服务，得以支配他选中的行业活动，不论是钢铁加工、纺织或造船"，商人由此取得了市场的支配力量，并且侵占了工业的利润。钱德勒在谈到美国的传统生产企业的演变的时候，也提到了美国的包买商与生产者的关系，这里的包买商从事的行业主要是皮革、布料以及金属。在包买商制度下，厂与商已经分开了，它们之间的关系是后者支配前者，也就是包买商支配着生产者。

商支配厂的情况多发生在供大于求的过剩经济中。过剩经济条件下，卖方的竞争日趋激烈，买方拥有着稀缺的渠道资源，他们可以借此对厂家提出种种有利于自己的要求并且往往都能够得到满足。随着信息和生产技术的迅猛发展，商品市场日益繁荣，发达国家已经进入稳定的供大于求的买方市场环境中，此时早已不是厂家生产什么商家就卖什么了，而是消费引导着生产，厂家必须根据消费者的需要来组织生产，大规模定制的生产方式就充分说明了市场的这一变化。消费者的需求呈现了个性化、多样化的特点，"尽管超市和其他零售店的货架装不下大量想挤上来的产品，品种不断激增仍是所有个人用品业的共同特征"，所以，厂家只有根据消费者的不同的需要来提供不同的产品才能适应市场的竞争环境。而现代零售商由于采用了连锁经营、电子数据交换系统以及相应的物流配送体系，他们能够及时掌握消费者需求的动态变化，并且以尽可能低的成本和售价满足消费者的需求，使消费者的效用得到前所未有的最大化。所以，在我国短短几年时间内，现代零售商迅速抢占了传统零售商的市场份额。此时厂商关系又演变为商支配厂。一旦商支配了厂，厂必然会不满这种关系，并试图摆脱商的控制，因此厂商矛盾的关系也就随之产生并激化。

商支配厂的关系模式的一种特例就是零售商的单边垄断情形，供应商是完全竞争的，零售商处于买方垄断地位。此时，零售商有能力决定进货价格以及商品的售价，他们行使单边垄断权力的行为会对供应商的利益产生影响，本书的第四章将会具体分析这个问题。

第二章　相关理论综述

第一节　分销渠道理论

厂家重生产，商家重销售，两者之间的可用分销过程相联系。厂家选择什么样的商家助其将制成品销售出去则是分销过程中一个重要的坏节，其实质为分销渠道的选择。厂家和商家在整个分销过程中形成供需关系，该关系需要得到有益的管理才能健康发展，形成良性循环。本节将对分销渠道理论中相关知识进行概述。

一、分销渠道的内涵

分销渠道是指商品或服务由生产者向最终消费者转移过程中所经的途径和各种相关组织实体的集合。相应地，分销渠道具有商业性、社会性、综合性和方向性等特征。

二、分销渠道的结构与职能

分销渠道是由生产商、中间商、辅助商和最终消费者构成的。生产商是产品的制造者和产品所有权的发起者，负责分销渠道的设计和分销活动，在整个分销过程中它起主动作用；中间商指在商品流通领域专门从事商品买卖或帮助实现交易的组织或个人，它们正是本文所强调商家的主体，是厂家生产的产品进入流通领域和消费领域的中介；辅助商是指商品在分销过程中涉及的运输公司、仓储公司、保险公司、银行、调研公司等起辅助作用的组织或个人；最终消费者是分销渠道的目标，他们对分销渠道起一定程度的导向作用。

分销渠道的主要职能体现在商品分配、商品所有权转移、信息流通、促进销售和资金流通等几个方面。

在商品分配职能中，商家将产品从厂家那里集中起来，再根据顾客的具体要求对其进行包装、组合和分配。厂家不一定都有能力进行直接营销，即使有能力，它们也可借助商家高度专业化的优势扩大自己的市场覆盖率。该职能可用图2-1表示。

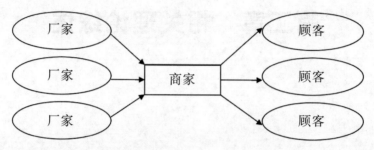

图2-1　分销渠道商品分配职能

商品所有权转移是分销渠道的核心职能，因为商品销售的本质是其所有权的转让。顾客获得该商品的同时便获得其所有权，从而可以有效消费使用该商品。

分销渠道的信息流通职能主要体现在其各个环节之间需要通过信息流通来协调，既有利于实现商品的合理供给和利润的有效分配，也可满足各方主体对市场的了解需求。

促进销售职能是显而易见的，首先，如上文所述，厂家不一定有能力在市场进行完全直接营销，它们需要商家的帮助来扩大商品的市场占有率，促进销售，提高销售额。其次，对最终顾客而言，分销渠道的建立可减少他们对市场的调研成本，也可促进销售。

资金流通职能使得厂家和商家的权益得到一定程度的保障，如付款、信用和融资。

三、分销渠道组织成员及其关系

分销渠道的成员如上文在其结构中介绍到的一样，可具体描述为包括：生产商、批发商、零售商、辅助商和最终顾客。

生产商在分销渠道中占据重要地位，其作用主要体现在它是商品所有权的发起者，它须制定分销渠道发展规划、选择和发展分销渠道成员，组织和推动各种经营流程，制定和推行分销政策，主动消除分销网络内部的矛盾和冲突等。

批发商是中间商的一种，它们可批量交易商品，并按量定价，其交易对象不一定是最终顾客，交易范围广泛，购销关系稳定，专业化程度高。批发商主要包括经销商和代理商两种类型。

零售商的交易对象是最终顾客，单笔交易额小且交易频繁，经营品种多，其交易受购买者行为的影响较大。目前零售商的主要业态表现为百货商店、购物中心、超市、便利店、折扣店、专卖店和连锁店等。

辅助商如上文提到的，主要包括运输商、咨询商、会计师事务所、广告商、银行、律师事务所等，它们在分销渠道中也发挥了重要作用。

最终顾客主要分为一般消费者、产业购买者和团体购买者。不同类型的顾客具有不同的行为特征，应区别对待。

各成员之间的关系如图2-2所示。图中的双向箭头有两处含义：一是表示商品在分销渠道中各成员之间的流通是双向的（正向供给和逆向退货）；二是表示分销渠道中各成员之间的信息流通是双向的。图中的单向箭头表示辅助商对在分销过程中的对商品流通各个环节的控制与帮助。

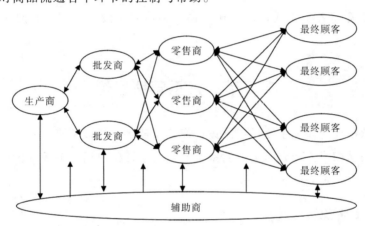

图 2-2 分销渠道组织成员及其关系

四、分销渠道冲突与管理

渠道冲突是指某分销渠道各组织成员之间因目标分歧、领域差异、信息不对称等原因而产生的争执、矛盾，甚至是敌对、报复和决裂等行为。从本质上讲，渠道冲突是经济利益冲突。这种冲突必须得到及时的调解，才能使渠道成员获得共赢，这便需要渠道管理能力达到一定的水平和高度。

分销渠道的管理主要包括渠道成员的选择、渠道成员的激励、渠道成员的评估和渠道调整等四个步骤。

厂家必须为其所设定的分销渠道寻找合适的商家。商家是否合格主要看其经营历史、经营产品、信用等级、偿付能力、合作态度及声誉等。若商家是代理商，厂家还要评价其所经营的其他产品的特征及其销售力的规模和素质。若商家是零售商，厂家需评估其店铺的位置、未来成长的潜力和客户类型。明确选择商家的目标和原则，并且做好深入细致的调查研究工作，全面了解被选择的准商家的情况，是建立分销渠道的起点和前提条件。

在渠道成员的激励中，厂家须不断激励商家，促使其尽全力开发某产品市场。虽然在公司的渠道政策中已建立若干激励方法，但这些方法还须得到企业监督管理和补充。商家是否有出色的表现，还取决于厂家是否尽力了解了它们的不同需求与欲望，并满足之。

渠道成员的评估是厂家定期按一定的标准衡量商家的表现，如销售配额完成率，平均存货水平如何，交货时间和速度是否达标，对损坏和遗失品的处理能力与效果等。

渠道调整是指厂家不能仅限于设计好了分销渠道，并推动其运转就行，还要对其进行有目的的改进，以适应各种变化。如当顾客的购买方式发生变化、市场范围变化、竞争者变化或产品处于生命周期不同阶段时，都有必要对渠道进行改进。

第二节　关系营销理论

关系营销理论知识主要用于支撑厂商关系现状分析以及建立和谐厂商关系部分，下面将从四个方面介绍关系营销理论：关系营销内涵、关系营销特征、客户关系管理和中国式关系营销。

一、关系营销内涵

关系营销是以系统论为基本指导思想将企业置身于社会经济大环境中来看企业的市场营销活动。该理论认为，企业的营销过程伴随着竞争者、政府部门以及社会其他组织相互作用，其核心在于如何正确处理与这些组织或个人之间的关系，其本质在于以服务顾客为导向。最早提出关系营销的巴利将其定义为："关系营销就是在各种服务组织中吸引、保持和改善顾客关系。"

关系营销强调协调营销系统中各个主体之间的关系，从而创造一个良好的市场营销环境，使企业扩大市场占有率；重视顾客（不仅指消费者，还包括其他起影响作用的商家），通过提供满意的服务，提高顾客忠诚度，从而同顾客建立长期稳定的关系。

二、关系营销特征

关系营销不同于传统营销，如传统营销是以4P营销组合为手段，重视单次交易或短期内的收益最大化，而关系营销则注重关系培养，着眼于建立长期竞争优

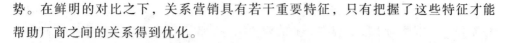

势。在鲜明的对比之下，关系营销具有若干重要特征，只有把握了这些特征才能帮助厂商之间的关系得到优化。

（一）关系双方双向沟通

在关系营销中，沟通应该是双向的。只有相互间进行充分的信息交流和一定程度的信息共享，才能使企业赢得各利益相关者的信任与支持，从而达到合作的目的。

（二）关系双方合作

关系一般情况下有两种基本状态，即敌对和合作。敌对状态一般出现于竞争当中，与其说它不是关系营销的重点，不如说它是关系营销的一大挑战，即变敌对为合作，因为只有通过合作才能实现协同，才能为"共赢"打下坚实的基础。

关系双方共赢关系营销旨在通过合作增加关系各方的利益，而不是通过损害其中一方或多方的利益来增加其他各方的利益，因此共赢是关系营销一大特征之一。

（三）关系双方亲密

关系能否得到稳定和发展，情感因素也起着重要作用，而关系营销不只是要实现物质利益的互惠，还要让各参与方能从关系中获得情感的需求满足，从而实现亲密的关系。

（四）关系得到控制

因为关系是动态变化的，因此关系营销要求建立专门的部门，用来跟踪供应商、分销商、顾客及营销系统中其他参与者的行为与观点，借由此了解关系的动态变化，及时采取措施消除关系中的不稳定因素和不利于关系各方利益共同增长的因素。另外，通过有效的信息反馈，也有利于企业及时改进产品和服务，更好地满足市场的需求。

三、客户关系管理

关系营销理论强调厂家与商家之间的关系问题，事实上众多学派理论都表明其中最重要的还是客户关系。这一认知从经营者——客户的角度出发是可行的，因为厂商之间可以互为对方的客户。基于此，接下来将对客户关系管理从几个相关角度进行一定程度的概述。

（一）客户关系管理内涵

美国数据分析公司高德纳（Gartner Group）认为客户关系管理（customer relationship management，CRM）是企业的一项商业策略，它按照客户的细分情况有效地组织企业资源，培养以客户为中心的经营行为以及实施以客户为中心的业务流程，并以此为手段来提高企业的获利能力、收入以及客户满意度。CRM以客户为中心，强调企业在维护自身利益的同时，必须兼顾客户利益，实现企业和客户的"共赢"，即实现客户价值的最大化和企业盈利的最大化之间的平衡。CRM在信息网络技术的支撑下，通过更好地了解客户需求，为客户提供个性化服务来满足客户需要，提高客户的满意度和忠诚度，通过与客户建立长期的良好的关系，提高长期销售收入的和扩大市场份额，从而全面提升企业盈利能力和竞争力。

（二）客户满意管理

1.客户满意的内涵

客户满意理论被誉为20世纪90年代现代管理科学发展的最新成果之一，它以以人为本为本质。厂商们需要定对客户期进行满意度调研，并将结果作为客户关系管理的重要信息来源，以建立竞争优势。

Oliver认为满意是客户对自己愿望的实现程度的一种反映，反映标准是某种产品或服务的特征以及这种产品或服务满足客户需求的程度。客户满意度，是指客户对某产品或服务进行消费后的感知所处的水平。企业对客户的这种感知水平进行搜集、整理、分析，并对该结果加以利用的过程可称为客户满意度管理。

2.客户满意模型

国内外众多文献在研究客户满意的时候，都偏好从模型的角度出发，探讨客户满意的各种影响因素，并对其加以度量。下面对各种客户满意模型进行归纳总结，以期能为后续研究提供一定的理论支持和研究思路。

（1）期望—不一致型客户满意模型。

在期望—不一致型客户满意模型中，客户购买并使用产品后，将所获得的效益和支出成本与事先期望相比较得出满意程度，这是基于消费经历和对产品认知情况所做的判断。具体地讲，这一类的模型认为客户的期望分为三类：一是低于产品的表现；二是与相同于某个产品的表现；三是高于产品的表现。当出现第一类情况时，即产品的表现高于期望会使客户满意；否则，当产品的表现不如期望时，则会导致一定程度的客户不满意。该类模型的缺陷在于其不能展现客户满意形成的整体过程，也无法具体度量客户满意程度。

（2）客户价值型客户满意模型。

Woodruff从客户价值视角理解客户满意，认为客户的期望价值的形成是由低到高，按照"属性—结果—目标"这一路径形成的，即客户价值分析模型。他解释客户在消费商品时首先会关注产品的属性，接着伴随着消费的过程，他们会对商品的某一属性形成初期偏好，并以此为基础对结果形成一些预期；最后，他们会根据上述预期对某个目标的实现可能形成期望。每个层次的价值对客户最终满意的形成有不同程度的影响。因此对应着不同的层次及其客户价值，客户们会依次形成不同程度的满意，即基于属性的满意、基于结果的满意和基于目标的满意。

（3）实绩型客户满意模型。

实绩型客户满意模型是对期望—不一致模型的部分修正，它以期望—不一致模型为基础，将感知绩效引入到客户满意模型构建当中，认为除了期望和不一致以外，产品的绩效在客户满意形成中也发挥举足轻重的作用，并有学者对此建立函数关系：满意=f（期望，感知绩效，差距）。相关研究还证明该类模型的变量中只有感知绩效实证结果最好，可以解释满意的65%方差。在某些情境下感知绩效确实会对满意产生相对重大的影响，如当客户发现自身预期同实际感知绩效不一致时，若其期望易调整，此时产品实际绩效便可发挥较大作用。

（4）客户满意度指数模型。

20世纪下半叶开始，业内对客户满意的研究由微观领域转向宏观领域，社会经济的发展也开始参考客户满意指数。国外客户满意度的研究逐渐形成了相对成熟的模型与框架。其中瑞典客户满意度指数模型、美国客户满意度指数模型、欧洲客户满意度指数模型都比较突出，而中国也做了大量研究从而建立了中国用户满意度指数模型。所有这些模型相对于期望不一致模型加入了质量、价值感知等重要因素。

3.客户满意的影响因素

随着客户满意受到越来越多的重视，对其进行有效的管理成为必要，此时便要从其影响因素入手。根据众多学者的研究看来，不同行业不同部门所要求的客户满意影响因素是不同的，如医疗单位的客户满意受到挂号流程、同医生的交流情况、医护人员的帮助程度等若干指标共同影响；如美容院的客户则受到美容设施、美容产品、美容环境以及美容师等因素的影响；再如家电行业，客户常常受到销售环境、销售人员素质、所售产品的品质、厂家和商家的信誉以及售后服务等因素影响。当然相关研究也表示满意的决定因素主要是：客户期望、客户特征以及心理因素。

（三）客户忠诚管理

1.客户忠诚的内涵

客户忠诚指的是客户对某一品牌、商店、制造商、服务供应商以及其他以积极态度和行为回应的商业实体的坚定忠诚，从而使其重复购买的行为。Brown提出客户忠诚，他认为客户忠诚是客户购买某产品具有一致性的行为。

2.客户忠诚的形成机理

业内人士曾经从心理学角度对服务忠诚进行探讨，有人认为客户忠诚是关于客户心理变化过程的函数。如客户在消费了产品之后，对其进行综合评价，评价结果自然而然地影响其是否进行下次消费。

因此基于对心理学的研究，客户忠诚的形成机理便被定位在三个不同层面上：基于交易的客户忠诚，基于关系演进的客户忠诚，基于交易和关系演进的客户忠诚。基于交易的客户忠诚认为服务的质量、客户感知到的价值以及客户满意形成了客户忠诚的主要影响因素。基于关系演进的客户忠诚则界定其决定因素为客户信任与客户承诺，强调客户忠诚在很大程度上展现了情感与态度倾向对客户和企业关系的影响。基于交易和关系演进的客户忠诚则包括了两者各自的特点，即在客户忠诚形成机理中糅合了客户信任、客户承诺和客户情感态度等多方面的影响因素。

3.客户忠诚的管理方式

客户忠诚该如何管理呢？根据其定义，客户忠诚须包括六个重要条件，即偏执与随机性、行为回应、某段时间表现、决策者决定、着眼于若干个品牌、一种心理过程函数。基于这六个条件对客户忠诚进行度量、分析，并针对性地对其采取相应措施，最后提高客户忠诚的水平。

四、中国式关系营销

中国式关系营销的内涵特质主要体现这几个字上：利益是纽带，信任是保证。中国式关系营销是先建立信任与人情关系，然后利用信任与人情关系与客户做生意，这有别于西方关系营销，他们是先有生意，再在利益关系中建立信任与情感，最终发展更多的业务。

中国式关系营销的特征在于：第一，中国人在营销过程中的信任实际被局限在一个很小的"自己人"范围内（对陌生人是先通过关系和人情将其纳入到自己的圈子里来，再讲究信任）；第二，通过人情和面子来进行关系营销；第三，中国式关系营销的目的是更好地去为将来的交易做准备。

第三节　竞合理论与和谐理论

竞合是指厂商之间从完全竞争走向竞争合作并存关系，其是化解厂商冲突的重要出路，是其关系走向和谐的通道。竞合理论与和谐关系理论在本书的研究过程中，起着重要的作用：它不仅是研究的理论知识储备基础，更是作者解决问题的重要思路，指导作者提出构建和谐厂商关系的对策。本节从竞合概念和竞合准

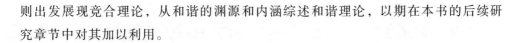

则出发展现竞合理论，从和谐的渊源和内涵综述和谐理论，以期在本书的后续研究章节中对其加以利用。

一、竞合概念

竞合也就是竞争与合作，该理论产生于20世纪90年代，以Joel Bleeke与David Ernst两人为主要代表人物，他们认为对于多数企业，竞争时代已经结束，驱动某公司与同行业其他公司竞争，驱动厂商之间在业务方面竞争力量，已经不能再确保赢家花费最低成本。亚当·布兰顿伯格和巴里·纳尔布夫发表在《哈佛商业评论》上的一篇论文首先提出了合作竞争的概念，认为它促使管理者思考企业竞争时会兼顾合作，并主张企业坚持"共赢策略"。综上所述竞合实质是，既实现企业优势要素的互补，增强竞争双方实力，而且又作为一种竞争战略进行实施，可大力推动企业健康高效发展。

二、竞合准则

（一）合作是竞争的另一种形式

企业需记得其新合作者很可能成为最终击败自己的对手，它必须在同其他企业建立合作联盟时确立清晰的战略目标，同时也必须看清对成功有影响力的合作伙伴的目标。合作是否成功并不完全于其关系表面和谐，有时双方偶尔的摩擦，更会促进发展，因为企业联盟一般不能保持永远都共赢。

（二）合作是有限度的

企业必须在和平竞争中有效地保护自己。如企业必须明确告知其各阶层员工，如何对技能和技术进行保密，如何并监视合作伙伴的需要和所得。

（三）向合作伙伴学习最重要

有经验的企业一般把合作作为深入了解合作伙伴能力的途径，它们运用企业联盟来学习同合作者之间签订的正式协议之外的技能，并在本组织中进行系统地全面地传播。

三、和谐的渊源

和谐是当代哲学和人类社会文明关注的重要主题之一。在中国，和谐是中华民族凝聚力的根源，作为中国传统文化的优秀成果，和谐是其基本价值取向。在中国古代哲学中，和谐的概念被赋予了深厚的内涵。汉字"和"承载了它的精髓：既包含多样性，又承认差异性，最终还要达到高层次的统一与协调。而在西方，其哲学中也富含和谐思想。如古希腊哲学家毕达哥拉斯说："一切都是和谐。"这无疑是对和谐的至高赞誉。又如赫拉克利特则认为"对立就是和谐"的哲学辩证思想,可解释为对立是和谐的基础,和谐与对立可以相互统一,这对于化解矛盾具有指导意义,值得我们深入研究和借鉴。

四、和谐的内涵

和谐就是事物发展到某个阶段所特有的一种对立统一状态,它反映矛盾统一体在其发展过程中矛盾双方之间表现出来的一致性、协调性、秩序性、平衡性和规律性的特点。和谐是矛盾同一性的表现,当事物对立面之间相互吸引和相互排斥作用达到某一均衡点时,事物就达到和谐状态;和谐是以矛盾为基础的,马克思主义唯物观认为矛盾由两个相反方面构成,这两个方面均以对立面的存在为自身存在前提,一方消失,另一方也会随之消失,换言之,无差异就无和谐。和谐是人们参与的系统一致性体现,该一致性主要包含和谐的主题、和则、谐则三方面内容。其中主题是指系统在某特定时间和地点的某具体问题;和则是指系统各种人的因素;谐则是指运用人的理性和逻辑能力对各种关系协调、匹配以实现某种目的的具体活动和安排。

五、和谐厂商关系

根据和谐思想的起源及其内涵,和谐厂商关系应有如下几种表现:首先,和谐厂商是利益的共同体,必须以实现共同体的利益最大化为目标,厂商之间的纽带不是利益,而是双方的合作规则。其次,和谐厂商关系必须是很融洽的。在商业道德纽带的作用下,避免了人情世故将占上风,从而破坏规矩和游戏规则的情形。再次,和谐厂商关系必定是步调一致的,这种一致忌讳厂商之间跟随的行风,因为有跟随,便会有被抛弃。如厂家发展跟不上市场的步伐,商家便会抛弃它,反之亦然。最后,和谐厂商关系一定是相互信赖的。信赖不同于依赖,基于厂商双方信赖才能在发展的基础上建立和谐厂商关系,以实现共同进步,而依赖则缺乏创新的欲望和能力,阻碍其共同发展和进步。

第三章 基于冲突的厂商关系不和谐分析

根据众多渠道冲突类文献和相关实际调查，厂商之间的关系不和谐，多源于厂商冲突的存在。厂商冲突是指其中一方将另一方视为对手并对其进行伤害，在设法阻挠或损害对方利益的基础上获得稀缺资源或其他利益。本章在总结众多相关文献的基础上，结合一定的程度的实地访问，对冲突导致的厂商关系不和谐现状进行分析研究。

第一节 基于冲突的厂商关系不和谐表现

厂商之间的冲突由来已久，在社会发展的不同时期、不同经济体、不同行业中，其表现虽然不尽相同，但从普遍意义上讲，基于冲突的厂商关系不和谐表现又具有若干相通点。这些相通表现主要包括以下几种：利益冲突、关系冲突和服务冲突。在社会新的发展时期，有些传统的冲突可能被激化，有些原本没有的冲突又会显现出来，威胁厂商关系和谐性。根据分销渠道理论，因为厂商同属一个分销渠道，其冲突多是在渠道中形成的，所以下文将站在分销渠道的高度考察各种冲突下的不和谐表现。

一、渠道中厂商利益冲突

厂商同属一个分销渠道中，其在目标客户、销售款、折扣和企业发展要求等具体政策方面极其容易产生分歧和矛盾。

二、渠道中厂商关系冲突

由于厂家和商家之间实力和企业规模的不同，他们之间的关系也跟着不同。实力与规模相当的，大家平起平坐，关系相对来说会比较和谐；厂家实力强的，会对商家造成一定的压力，使其感受到压迫感，那么他们之间的关系一般不会特别稳定。因为厂家有权利和能力随时更换或放弃合作商家，商家有时也会没有勇气持之以恒地跟随这样强大的厂家；商家实力强的，厂家同其合作固然有增加销售的优势，但是由于商家响亮而卓越的品牌实力盖过厂家品牌，这对厂家品牌无疑是一大冲击。而且在利润方面，此时的厂家也敌不过强大的商家，其所获利润已大肆流向商家。总之，不同的销售和管理能力，不同的服务水平使得厂商之间相互信任、相互理解和相互帮助程度千差万别。

三、渠道中厂商服务冲突

厂商渠道服务冲突主要体现在其所经营的产品质量、促销、技术咨询与服务等方面存在冲突。

针对以上两点，这里先举一个简单的例子来说明其表现（下节将具体阐述这些表现的根源）：戴尔电脑最出色的销售之道在于直销，当初它能够在多家电脑厂商中脱颖而出正是依靠这种销售方式，顾客因为直销中的相对低价和获取产品的高效率而购买戴尔电脑。如果此时戴尔为了拓展销售渠道而增加代理商，那么它必须要将产品利润分一部分给代理商，这就导致一部分利润流失。此时有一个重要问题就是顾客有了多种购买渠道可以选择，作为厂家他更希望顾客跳过代理商直接购买（尽管它设立代理商是为了扩大市场份额），代理商则希望顾客在自己这里购买，这种心理也是冲突的表现之一。虽然厂家有时会选择通过提高价格来对此进行控制，但是怎样才能达到自身和商家，甚至包括顾客在内的满意均衡点呢？处理不得当，便使得矛盾与冲突加深，不利于分销渠道的长期健康发展。

四、渠道中厂商新冲突

随着以信息网络技术为基础电子商务的迅猛发展，目前厂商渠道关系发生一系列变化，这使得两大主体之间的冲突表现也更加深入化和广泛化。

价格策略方面的冲突激化。在上述冲突表现中价格体系问题仅仅是客户选择冲突表现中的一点，这里因为实行电子商务能为企业节省大量促销与流通费用，从而降低产品成本，使价格低于传统厂商合作渠道上同类产品的价格。

厂商渠道策略的冲突增加。电子商务渠道拉直并缩短了厂商与最终顾客之间的来回路线，这对传统渠道中厂商的利润分配存在重大影响。

第二节　基于冲突的厂商关系不和谐根源

基于冲突的厂商关系不和谐表现背后必然有其根源，到底是什么原因导致了这一系列的冲突和不和谐呢，结合各专家学者的研究和部分相关厂商的描述，本节针对厂商冲突的表现，详细分析厂商冲突的根源。

一、渠道中厂商利益冲突根源

第一，厂家和商家的目标客户的选择与定位上易产生争端。根据供应链原理或分销渠道原理，对厂家而言，它们生产的产品可以通过多种途径到达最终顾客手中：通过分销商（批发商或代理商）到达零售商再到达最终顾客，这种分销方式是最完整的；通过分销商到达最终顾客；通过零售商到达最终顾客；厂家直销给最终顾客。厂家在以上这几种分销方式中选择，不同的分销方式意味着不同的销售成本和不同的价格体系，其最后获得的利润也跟着不同。对商家而言，它们为厂家分销产品时也有自己的分销途径：设立店面和仓库，向零售商供应产品，再由零售商销售给最终顾客；设立店面和仓库，直接向最终顾客销售；不设立存货，直接从厂商那里拿货，为顾客配送（配货商）。商家的成本和利润也因分销途径的不同而异，这就使得厂商为了自己的利益，各有考虑，各有选择，如果两者的考虑与选择出现分歧，则会出现冲突。而且还存在一个明显的问题就是厂商之间为了获得更多的利益可能会向竞争对手争夺最终顾客。

第二，在供应链中厂商既然合作，则必定会涉及销售款的分配问题。厂家和商家常常会为销售款的如何分成而纠结苦恼，因为谁都想要分得多一点，如果任何一方都不让步，便会出现合作不愉快，有时会出现摩擦，甚至会导致分销渠道的破裂。

第三，根据分销渠道的建设不同，厂商合作时常常会涉及折扣问题。厂家通常会根据商家的销售能力、信誉等制定该商家的折扣，而这种折扣是否会得到商家的青睐或赞同呢？不同不被认可并接受，则出现矛盾。

第四，厂家和商家都有自身的发展要求和自我定位的，一旦两者合作，其发展要求和定位必会在其合作过程中加以体现。如果双方的发展要求方向和各自的定位是一致的，这还好解决，但是大部分情况是双方的发展要求出入甚远，那么此时如果双方之间协调不佳则必定出现冲突。

二、渠道中厂商关系冲突根源

厂商之间相互依赖是关系冲突的根源之一。厂商之间相互依赖是冲突产生的一个重要的客观性基础，该依赖关系主要体现在厂商因为在供应链渠道中分工不同，各自承担的角色不同，因此各种所拥有的资源和能力也是不同的，双方为了更好的发展便希望通过合作，进行更广泛的资源与能力合作，这时相互之间便形成了依赖。其依赖越紧密，合作越频繁，冲突越有可能发生，因为他们毕竟不是一体的，各自还有各自的发展战略，合作只不过是各自发展的一个阶段性的局部的策略。如厂家希望利用其合作商家广阔的销售渠道和独特的销售技巧，在合作时，厂家对商家会产生强烈的依赖，若此时商家提出对厂家来说过分的要求，厂家是不是会答应呢？磋商过程中便不可避免地形成了冲突。按照成员之间相互依赖的程度，把渠道中成员间的依赖关系分为间接依赖、单向依赖、双向依赖三种形式。

厂商之间的存在差异也是关系冲突的直接根源之一。角色差异、信息差异、企业认知差异和目标要求差异等均是他们之间差异性的来源。如上文所述，不同的社会分工和角色担当使得厂家和商家的差异异常明显。在当今信息膨胀的社会中，信息差异无疑存在，而且对厂商关系起着相当大的影响，如常见的信息不对称，信息在传递流程中的变质等都有可能造成厂商之间的信息差异。企业认知差异的影响在现代社会也是非常明显的，因为教育的不同使得人们的文化水平处于不同等级，个人与集体的认知也参差不齐。而且认知是因人而异的，不同的人或集体在面对同样一条信息时，所作出的认识和反应也是不尽相同的。在利益冲突根源中有分析到厂商发展要求是自身利益的一个方面，不同的企业具有不同的发展要求，当厂商处于合作状态时，两种发展目标和战略即使不背道而驰，也极有可能相互摩擦，从而产生冲突。

厂商所处渠道内部机制不完善是厂商冲突的重要根源之一。厂商的渠道内部机制的内容主要包括竞争机制、合作制度、资源分配方式、信息沟通与共享方式和应对外部环境变化的策略等。如果这些内容中的任何一项没有磋商至双方认可并接受，冲突都极易发生。

三、渠道中厂商服务冲突根源

质量方面，产品经过厂商两者之手，它的质量到底归谁负责，是谁的责任呢？尤其是最终顾客在购买了产品之后发现产品质量存在问题，那他应该找谁呢？厂家还是商家？很多典型的现实案例纠纷就出在此处，商家说这是厂家对产品质量全权负责，所有相关成本应由厂商承担；厂商却认为产品出厂时没有问题，是商家保管不善导致质量问题，应由商家负全责。且不谈顾客现在是最大的受害者，厂商之间的冲突也由此而生。

促销方面，一般厂家和商家都有可能发起促销活动。若促销由厂家发起，产生冲突的可能性会小一点，但是仍有可能发生，如某厂家开展促销，与其存在渠道关系的商家则都需要对其合作堵塞产品开展促销，问题在于商家们一般都不单单只销售该厂家的产品，他们还销售若干其他品牌的产品，此时由于产品之间的互补性和替代性关系，尤其是替代性关系，某产品的促销活动会影响其他产品的销售，商家为了自身销售均衡，顾全大局，有时会无法接受这种影响。如其代理的另一厂家的同类产品的销售量受到影响，而导致其对另一厂家作出的销售量承诺无法兑现，则商家就会抗拒这种促销活动。若促销活动由商家发起，则冲突更容易发生。因为商家在做促销活动时不仅要考虑到厂家的分销策略，还要考虑该厂家其他合作商家的反应，如有不慎，冲突便不期而至。

技术咨询方面也可能出现冲突。一般而言，产品的核心技术掌握在厂家手里，此时顾客的咨询往往由厂家回复，但是缺少了便利性，因为顾客在商家那里买的东西，他更希望在商家那里可以咨询相应的问题。厂家顾及这一点，常常会对商家进行培训，希望将售后这一块工作做到完美。而问题是厂家也有自己的顾忌，对外培训，常常会导致技术泄漏，核心优势丢失。

四、渠道中厂商新冲突根源

新冲突根源与社会的发展和人类文明的进步息息相关。正如新冲突的表现中所提到的，计算机技术的产生与完善，网络技术的蓬勃发展恰是新冲突形成的最大来源。这些技术革新在很大程度上冲击了厂商之间传统的渠道方式，电子商务的普及使得厂商不得不正视那些原本不存在或被忽视的冲突。

综合本章前两节所述，厂商冲突的表现及其根源可由图3-1表示。

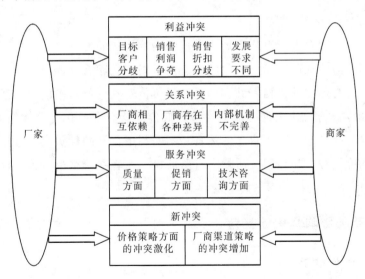

图3-1　厂商冲突的表现及其根源

第三节　基于冲突的厂商关系不和谐影响

基于冲突的厂商关系不和谐表现是多种多样的，引起这些表现的根源也是极其复杂的，这些纷扰之争最终会给企业，给社会带来众多负面影响。下面将从两个角度对此进行分析。

一、基于主体的视角

（一）对厂家的影响

厂家如果处理不好与商家的关系，其后果将会十分严重。商家的作用，体现在利用占有的渠道资源，为厂家的更大销售做出努力。因为商家渠道是直接接触顾客的，有更多的机会在顾客面前展示，从而更直接地向其传递商品信息、企业文化和服务等。终端顾客对品牌产品的总体感知，是包括对商家的卖场设计、店员素质、服务质量等各方面的感受在内的；另外，商家的品牌形象会影响消费者对产品品牌的联想，所以，品牌形象好的商家成为厂家竞相选择的对象。而厂商冲突会导致厂家失去优秀的分销商家，甚至使其失去整个分销渠道。

（二）对商家的影响

商家如果处理不好与厂家的关系，将会面临断货的威胁。渠道分销只是供应链的一个环节，没有实际的产品品牌，其产品来源于厂家，如果断了货源，渠道品牌也就没有了生存的基础。故而，厂家在一定程度上是商家生存的基础。

（三）对顾客的影响

近年来，大型超市、百货商场、家电卖场等模式的发展显示，厂商之间的关系冲突，不和谐的局面，给广大的顾客造成了损害。顾客表面上获得了价格上的优惠，但是，与此"低价格"并存的是"低价值"——低水平的服务质量甚至产品质量。如零售连锁代表的是规模经营、低价经营、专业化经营和服务。但是，近年来，这种模式却走进了自己的迷宫，不断利用自己的优势与厂家谈判，追求价格上的低价优势，却在服务质量上有所放松，顾客在价格上获得了优惠，但是服务水平的降低，间接损害了顾客的利益。

二、基于影响程度的视角

（一）合作破裂

厂商之间的合作破裂是其冲突带来的直接的后果。厂商或因为自身追求的利益无法实现，或因为合作本身违背了自身发展的要求和定位，或因为不满意同对方之间的关系状态，常常会选择终止合作，而另觅合适的合作厂家或商家。合作的终止如果是合同性质的还好处理，但大多数因为冲突导致的终止都是违约性质的，需要违约方付出一定的代价。严重情况下，可能会诉诸法律，这就意味着双方不仅要付出物质上的代价，还要用自己的名誉和信誉为这次未能成功的合作买单。

（二）双方对抗

厂商因为冲突导致合作破裂相对而言对自身或对方的影响是较轻的，市场上的同类厂家或商家多得是，大不了不与你合作。可是往往情况并非如此简单。前面就有描述到厂商之间是存在差异的，尤其是实力和规模方面的差异，这使得厂商在面对冲突时的态度千差万别，对待双方冲突的行为也大相径庭。取其严重者，双方冲突会使得双方合作演变为双方对抗。简单地讲，要么厂家拒绝继续与该商家合作，撤销其代理自家产品的资格；要么商家拒绝再同该厂家合作，拒绝代理其产品；更严重的是，其中强势的一方会联合其他同类型企业对付对方，结果导致厂家产品滞销，商家无货可销；更严重的情况是，占理的一方将对方告上法庭并追究法律责任，要求赔偿经济损失，最后导致对方破产。

（三）市场秩序混乱

厂商冲突带来的最根本的后果是经济市场秩序混乱。厂商之间合作的破裂和双方之间恶意的对抗，尤其是后者常常会违背市场规则，扰乱局部市场经营秩序，威胁经济社会的持续健康发展。

第四章　转向买方市场中的厂商关系研究

第一节　现代零售商支配供应商的原因分析

一、现代零售商区别于传统零售商的特点

（一）高度集权化的组织管理

连锁经营是现代零售商的一个重要的特点。连锁经营有直营连锁、特许连锁以及自愿连锁三种形式。直营连锁的连锁店，其门店均由总部全资或控股开设，在总部的直接领导下统一经营；特许连锁（或称加盟连锁）的连锁店，门店同总部签订合同，取得使用总部商标、商号、经营技术及销售总部开发商品的特许权，经营权集中于总部；自愿连锁的连锁店，门店均为独立法人，各自的资产所有权关系不变，在总部的指导下共同经营。同一资本所有是区别直营连锁店与其他经营形式的关键，也是特许经营与连锁经营本质上的差别。直营连锁的总部拥有绝对的控制权，参与连锁店的经营管理，企业形象较易维持一致性，总部承担各门店的费用，并不收取任何费用。自愿连锁内的企业所有权各自独立，所有权不属于总部，独立核算。特许经营的特许方与被特许方以契约规定双方的权利和义务，总部对被特许方的经营管理有一定程度的约束。三者当中直营连锁的组织化程度最高。

现代零售商往往采取直营连锁的组织形式，即同一资本所有权，公司总部对各门店拥有所有权，同一经营管理权和监督权，公司总部对各门店的人事和经营事务具有决策权，同一企业标识，统一进货，统一配送，统一服务，统一价格政策，等等。这种集权企业的内部组织化程度非常高、结构比较稳定，从而在运营

速度上具有优势。直营连锁店组织管理中的高度集权化能够使企业对市场作出快速反应的条件是现代化市场经济中发达的通信和交通技术。这种集权化的组织结构还有一个优点是有利于企业向异地的数量扩张，从而形成规模力量。易于扩张，是连锁经营所特有的，之所以这么说，是因为这种稳定的组织形式可以复制，总部能够在合适的地点快速进行组织架构和企业文化的复制。便于控制的组织架构和企业文化是连锁经营的现代零售商非常重视的。更为重要的一点是，这种复制不会使得边际成本上升，只会使其下降，这个特点类似于信息产品——生产的固定成本高，但是边际成本非常低。所以，相比较分权化的组织结构，集权化的组织易于向异地扩张。

在消费者对零售店的经营活动不敏感、市场环境足够稳定、门店数量众多的情况下，分权化的组织的绩效优于集权化的组织。现代零售商之所以能够受到消费者的青睐，其中的一个原因就是诸如超级市场这样的零售店经常实行各种促销策略、导购服务。零售商不断推出花样出新的经营举措足以说明消费者对零售店经营活动的敏感性。当消费者对零售店的经营活动的敏感性增强时，集权化的零售链中的门店之间能够以更快的速度相互学习适应消费者的经营举措，门店之间交流的障碍相对要小于分权的组织。需求总是处于变化之中的，供应商很难准确捕捉市场的潮流，这种不确定性导致了市场不是一成不变的，而是不稳定的。因此，鉴于市场环境的这些特点，集权化的组织应该更能适应市场的需求，它的经营绩效优于分权的组织。尽管高度集权化不是理论和实践所提倡的组织特点，但在现代零售商那里，高度集权化的优势得到了淋漓尽致的发挥。高度集权化是现代零售商在组织形式方面的第一个特点。

相比较而言，传统零售商的组织化程度就非常低了。传统零售商一般都采取单体经营形式，即使是连锁经营，门店数量远达不到连锁经营要求的数量，并且门店之间的关系与连锁经营的现代零售商的门店之间的关系不同，形连而神不连。传统零售商的组织化程度很低，以百货商场为例。传统的百货商场一般都采取承包制，将柜台、场地承包给不同的经营者，至今，很多百货商场还存在柜台出租、代销等经营方式，经销商品的比重很小。事实上，这样的百货商场是由那些供应商们经营的，零售商只分享收益，并且将经营风险完全转嫁给了供应商。因此，供应商与零售商之间、不同的供应商之间在经营目标上存在着很大的差异，为了各自的利益，他们各行其是，使得百货商场在经营战略、管理方式等方面的意见很难达成一致。这不利于诸如人力资源、财务、营销等经营环节上的统一管理，难以提高百货商场的组织化程度。快速反应、时机竞争是现代企业的竞争利器，现代零售商利用集权的方式实现了整个企业的快速反应能力，百货商场却因为无法实行统一的管理而延误了战机。

（二）明确的内部组织分工

连锁经营的现代零售商内部的分工非常明确，1997年3月27日，国内贸易部发布了《连锁店经营管理规范意见》，其中第三条指出：连锁店由总部、门店和配送中心构成。总部是连锁店经营管理的核心，必须具备以下职能：采购配送、财务管理、质量管理、经营指导、市场调研、商品开发、促销策划、教育培训等。门店是连锁店的基础，主要职责是按照总部的指示和服务规范要求，承担日常销售业务。配送中心是连锁店的物流机构，承担着各门店所需商品的进货、库存、分货、加工、集配、运输、送货等任务。配送中心主要为本连锁企业服务，也可面向社会。

连锁总部负责经营技巧的开发，从经营产品的种类到店容店貌再到货架的摆放以及商品的陈列，都在总部的职责范围内。连锁总部与各门店之间分工非常明确，各部门各司其职，使得这种高度集权化的组织能够以最小的摩擦力运行。分工明确是现代零售商的第二个特点。

在明确的内部组织分工的情况下，良好的协调管理可以带来比不明确分工更大的收益。现代零售商的协调管理就体现在其统一的管理以及物流配送方面。总部的各个职能部门各司其职，门店根据总部的指示进行商品陈列和促销策略，并执行总部统一的物流配送来及时补货。这些统一化的管理使得分工产生了很明显的收益。图4-1是苏果超市有限公司的组织结构图。

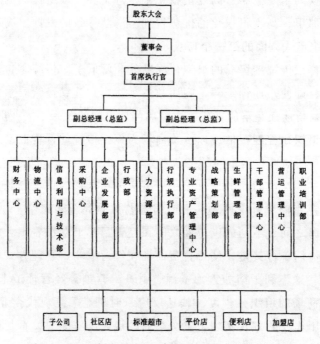

图4-1 江苏苏果超市有限公司的组织结构图

从苏果超市有限公司的组织结构图可以看出，其组织内部的管理分工是非常明确的，董事会领导下的各职能部门都有其自己的专职工作，财务中心、物流中心、采购中心等部门负责整个公司所有的财务结算、物流配送、采购事宜，标准超市、平价店、加盟店等门店专门负责销售，分工很清楚。

规模经济指的是可以以低于双倍的成本获得双倍的产出。规模经济带来了规模优势。传统零售商的各个供应商各自进行供货、销售、促销以及结算，有些传统零售商内部是按照生产厂商的类别来区分商品的，甚至以此设立业务部门，这样分散的活动导致了供应商们各自为政，难以形成专业化分工，并且造成了资源的极大浪费。传统零售商多数是实行单体经营的，这样的经营模式下，即使企业内部设立专业的职能部门，有明确的分工，但由于规模非常小，难以形成规模优势，这种分工产生的效益很难得到体现。相对于供应商的销售量而言，传统零售商的进货是小批量的，小批量的进货很难在与供应商的谈判中获得谈判力，这给传统零售商带来了至少三方面的不利影响：首先，较弱的谈判力降低了传统零售商的砍价实力，因而不能有力地降低进货价格，导致了较高的进货成本，相应的商品的零售价格必然会居高不下；其次，由于谈判力低，传统零售商与其供应商之间的合约的稳定性大大降低，供应商随时都有可能更换交易伙伴，并且，处于弱势的传统零售商没有足够的力量约束对方有效地执行合约，而合约稳定性的降低和合约执行力的减弱都会导致交易成本的上升；最后，对于零售企业来说，当资金周转变慢时，外部融资就是至关重要的，但是传统零售商由于交易规模较小，这无法提高其信用等级，增加了其融资的难度，从而影响资金的周转速度。

（三）现代化的物流配送体系

现代零售商区别于传统零售商的另外一个重要的因素是其物流配送体系。物流（logistics）分为广义的物流和狭义的物流，广义的物流包括原料物流、生产物流、销售物流和废弃物物流，狭义的物流专指销售物流。美国物流管理学会对物流的定义是：为了满足客户的需求在有效率及适当成本下对原料、在制品、成品和相关信息从产出点到消费点的流动和储存，进行规划、执行与管制的过程。我国对物流的定义是：物品从供应地向接受地实体流动过程，根据实际需要，将运输、储存、装卸、搬运、包装、加工、配送、信息处理等基本功能实施有机结合。物流产生的根源在于生产和消费在时空上的分离，其产生的背景是工业化进程的加快促进了商品市场的繁荣，从而刺激了消费，同时诸如超级市场这类具有商品集散功能的新型业态的出现需要物流体系来降低流通成本，提高流通成本。目前我国的物流发展开始受到重视，电子计算机等信息技术和通信技术广泛运用于物流业务中，物流业正努力追赶国际物流水平。物流的具体功能有：运输、仓储、包装、搬运、配送、流通加工、信息搜集和筛选等。

具体谈到现代零售商的物流，这是中国的物流业发展的一个重要领域。物流配送体系是现代零售商必不可少的重要环节，它可以大大减少连锁店订货和补货的时间。图4-2是连锁经营的现代零售商的物流配送流程。

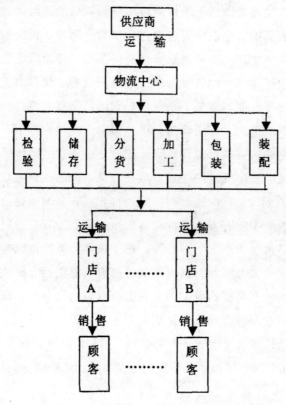

图 4-2 现代零售商的物流配送流程图

连锁店总部搜集各门店在订货的内容、要货时间和数量以及种类之后，将这些信息发送给物流配送中心，配送中心再根据收到的信息，将订货信息转换成拣货单，然后再迅速拣货并分送至各门店。由于物流费用是由物流机构、零售商和供应商们一起分摊的，因此配送中心通过设计合理的配送路线和配送方案，安排合理的运输工具等等，尽可能地降低物流成本。物流中心的存在能够大大减少商品从供应商处到零售商手中的流通环节，一般情况下，物流中心将产品直接从供应商那里运送到零售商各门店，或者还承担部分加工、包装的工作，将从供应商处获得的产品进行分类、包装、加工等等。物流配送体系的存在降低了零售商的成本，增加零售商的利润。现代化的物流配送体系避免了传统配送技术的一些缺陷，例如，在途时间长、商品缺损率高等。

传统零售商在物流体系方面远远跟不上现代零售。他们所设立的不是专业的物流职能部门，而是运输部门。没有物流系统的支撑，不论是传统零售商还是现代零售商都很难具有长久的市场生命力。曾经辉煌一时的郑州亚细亚，之所以会失败，表面上看是由于盲目扩张而导致的，实际上，可以发现，没有相应的物流系统的配套使用也是其失败的原因之一。当亚细亚去广州开拓市场的时候，他们没有在当地选择合适的物流方式，从而失去了支撑其运行的灵魂，一旦广州本地的供应商联合起来封杀亚细亚，它就毫无招架之力了。沃尔玛是世界上最知名的零售企业集团，在很多国外著名的零售企业纷纷进驻中国市场的时候，沃尔玛一直按兵不动，一个重要的原因是我国的物流水平使得沃尔玛的全球采购策略无法实施。

（四）先进的信息技术

信息技术平台主要由计算机硬件、软件资源、数据库技术、通信技术以及网络技术等构成，实现对信息的收集、传递、储存、加工、维护和使用。信息技术对现代的企业而言具有重要的商业价值，对现代零售商更是如此，信息技术的广泛运用是现代零售商保持其在市场中的竞争地位的要求。连锁经营的现代零售商的这种组织分工能够顺利执行的一个技术要求就是运用 MIS（管理信息系统），主要包括 POS（销售时点系统）、EDI（电子数据交换）和 EOS（电子订货系统）。POS 要求商品条码化，将收银机、扫描器与总部信息中心相联系，这样可以实时掌握商品的购销情况，减少标价、降价的错误，进行店员管理和顾客管理。沃尔玛甚至运用全球卫星定位系统来管理其在全世界的每一个商品。EDI 主要是用于零售店和供应商之间的信息交换，EOS 可以将门店的订货量和品种等信息及时传递给总部和配送中心。这些计算机技术的运用对现代零售商及其供应商和配送中心之间的信息交流起到了至关重要的作用。信息技术对零售业的意义事实上就是创新对于企业的意义，因为信息技术的使用就是一种创新。这种创新有利于零售商与供应商纵向的信息传递，也有利于零售商各门店之间的横向信息沟通。现代零售商与其利益相关者之间信息传递的速度和宽度使得现代零售商得以有效整合外部资源，其效率是传统零售商远远不能达到的。

随着零售业态的不断变革，零售商对信息技术的要求越来越高，POS、EDI、EOS 等信息系统应运而生，信息技术又加快了零售业态的发展，这主要是通过影响渠道流而产生的。渠道中的流程有实物流、所有权流、付款流、信息流和促销流。POS 使得零售商能够准确及时了解商品销售情况并及时更新存货记录，然后通过 EDI 将补货订单传递给供应商，供应商可以根据订单对零售商的门店进行及时补货，减少了渠道中产品实体的转移，降低了零售商的库存。POS 能够进行顾客管理，掌握顾客的购买习惯，因此零售商可以根据这个资料来确定促销方式，避免了促销的盲目性。供应商与零售商之间通过信息系统传递订货信息，就不需要就每一次的交易进行谈判，并且每一次订货的数量和品种准确率大大提高，降低了人工订货情况下经常发生的错误。供应商与零售商采用电子付款的方式可以降低人工付款成本。

相比之下，传统零售商在信息技术等方面远远不如现代零售商。传统零售商没有采取先进的信息管理系统，商品不实行条码化，即使实行了条码化，也没有充分发挥条形码应有的作用，收银机只是收银机，没有起到信息搜集器的作用。一般情况下，没有实行商品条码化，POS和EDI等系统都无法起到相应的作用。在缺乏POS以及EDI等系统的情况下，对于需求信息、订货数量、订货种类以及时间、地点等信息只能通过传统的方式来传递，所以，物流配送体系也无法运行。

二、现代零售商具有的低成本优势

科斯提出交易成本这一说法为经济学界的研究拓宽了视野，交易成本很快就成为了一个重要的研究视角。科斯在探讨企业的存在时引入交易成本概念的，他提出了一个疑惑：既然价格机制可以配置资源，那为什么还会存在企业组织内部的管理呢？对这个问题的解释，科斯认为是因为利用价格机制也是有成本的，这一成本主要归因于"发现价格的成本"以及"谈判和签订合同的成本"。由于利用价格机制是有成本的，而企业内部也存在着管理成本，所以是利用市场还是管理取决于这两种成本的大小，也就是说市场与企业是相互替代的。这两种资源配置方式都是为了降低交易成本。威廉姆森认为，对于能够归结为合约问题的问题，交易成本是指那些与签约问题有关的成本，事前的交易成本是与形成合约有关的成本，也就是起草、谈判与保障达成协议的成本，四种主要的事后成本：（1）合约不能适应条件变化的"不适应成本"；（2）针对权力界定模糊而发生的对合约进行再谈判的成本；（3）为有争论的裁决建立并维持治理结构的成本；（4）确保承诺的捆绑成本。

造成交易成本的因素是有限理性、资产专用性和机会主义，而组织有助于节约有限理性，有助于节约信息交流成本。将很多市场化的交易内化为企业内部的活动可以大大降低交易成本。

科斯和威廉姆森用交易成本来解释市场和组织的此消彼长的关系，事实上他们对交易成本的范围的界定也为本书的分析提供了理论工具。现代零售商在成本上有着传统零售商无可比拟的优势，正是成本优势使得现代零售商的低价策略得以实施。以连锁经营为特征的现代零售商的组织结构不同于传统零售商，连锁经营的方式使得现代零售商可以将各门店的采购、进货、配送等活动集中起来，由总部统一进行，然后将货物分送到各个门店。这样就不需要各门店单独与供应商交易，交易次数大为减少。

如果采用传统的交易模式，各门店需要分别与供应商交易，涉及到价格搜寻、谈判、签约以及对合约执行情况的监督，当存在违背合约的情况时，还需要通过仲裁来解决问题，每个单店与供应商进行一次交易的成本就非常复杂，所有门店与供应商交易的总成本将会使得现代零售商难以实施低价策略，也很难形成其对于传统零售商的优势。现代零售商采用总部统一交易的方式，由总部负责搜寻价格、与各个供应商谈判、签约以及监督等活动，再由物流部门将产品分送至各门店。事实上，采用现代零售商的这种交易方式可以使交易次数由9次减少为3次，因为总部与门店之间的关系不是交易关系，只是资源在企业内部的分配。并且由于总部将所有门店的订货量集中起来，便于与供应商进行进价的谈判，而零售商大批量进货也正是供应商所希望的，乐于降低价格。一旦发生合约执行不力的情况，总部的法律人员可以解决相关的法律问题。在没有采取连锁经营的情况下，各个门店需要单独与供应商交易，上述的各种成本都要发生一次。现代零售商将各个门店的市场行为内化为企业内部的管理行为，是企业对市场的部分代替，企业内部通过集权化的管理减少信息交流的摩擦力，降低管理的成本。交易成本理论的观点认为，当市场交易成本大于科层的管理成本时，就会发生科层组织对市场的替代。由于传统的单体经营形式下，市场零售商与供应商的市场交易的成本要远远高于连锁经营的成本，因此现代零售商用科层组织内部的管理代替市场化的交易，是对市场化交易成本的一种节约。

不同于现代零售商，传统零售商对降低交易成本的能力是非常有限的。大部分传统零售商都是采用单体的经营形式，单体规模扩大到一定程度后如果继续发展，就会面临规模不经济的阶段，因此，传统零售商对规模经济的追求能力受到了极大的限制。迈克尔·波特在分析五种竞争力量模型中提到了买方相对于卖方的大批量购买可以增强买方的砍价能力，而单店的一次进货量相比较连锁店而言要小得多，这不利于零售商在谈判中压低进价。即使传统零售商也采取过开设门店的措施，但由于他们不是采用集中采购的方式，对压低进货成本并没有任何帮助。零售商和供应商之间的交易，涉及价格信息、谈判签约、履行合约等，每一个环节都会增加其成本。然而，分摊这些成本的产品数量只是一个单店所能容纳的数量，不同于连锁经营的零售店，一次交易的成本分摊在所有门店所能容纳的产品上，显而易见，传统零售商降低商品销售价格的潜力就很有限了。相同的进货量，现代零售商进行一次市场交易，再通过企业内部的管理职能送到各个门店，传统零售商却要进行多次市场交易。实行买断经营的传统零售商一般是通过产品的买卖差价来获取利润，而与零售商的交易成本大大削减了其获利的能力和空间。相反，现代零售商用单店的交易成本去换取整个连锁企业的利润，获利能力大大增强了。现代零售商通过其成本优势夺取了传统的单店经营的零售商的市场份额。因此，可以说现代零售商的节约交易成本的能力是其市场权力的来源之一。在现代零售商独领风骚的时候，他们成为供应商们竞相争夺的终端资源，供应商们之间的竞争赋予了现代零售商在渠道中形式支配力量的权力。

三、现代零售商具有的分工和专业化优势

在分析现代零售商优势地位的来源时，很多人认为一个重要的原因是对规模经济的追求而带来的。为解决消费的分散性和规模经营之间的矛盾，现代零售商采取连锁经营的形式，广布网点，实行大批量采购，既满足了消费者的个性化需求又适应了零售商对规模经济的追求。然而，本书认为现代零售商所获得的递增的报酬最本质的原因在于分工与专业化。

在对现代零售商的市场力量的来源分析中，也必须重视专业化经济与规模经济的关系的问题。

现代零售商在经营管理上的一个特点就是充分利用了分工与专业化，总部负责计划等统筹工作，商品的采购、监督、质检，财务管理，门店的布局和商品定位以及安全措施等都是总部的集中管理，商品的配送由专门的配送中心来承担，而门店只负责销售活动，分工非常明确。然而，不能因此而认为现代零售企业由于采购、配送等方面都是大规模进行的就产生了规模经济。事实上，是由于零售企业内部实行了分工与专业化，才能获得那些优势的。现代零售商实行管理与销售职能的分离，管理的深度是单店经营远远达不到的。门店只负责销售或者配送中心专门负责商品的运送，这样的分工使得这些部门的员工得以专职于自己的工作。在工作中，员工们对自己的工作越来越熟悉，不断积累工作经验，使得他们失误逐渐减少，劳动生产率大大提高。同时，由于每个人只需要做固定的工作，而不需要在不同种类的工作之间不停地转换，这可以节省工作转换的时间，专业化经济随之产生。张永生认为，只要在一种活动中专业化经济十分显著，就可以有分工经济。现代零售商的普通门店就可以产生专业化经济，他们按照总部的销售计划专注于商品的销售，而不用去涉及进货、运货、存货等任务，这有利于门店熟练执行销售职能，形成专业化经济。即使现代零售商的其他部门都没有产生专业化经济，仅仅这一项就可以使其比传统零售商略胜一筹，更何况配送中心也能产生显著的专业化经济。所以说，现代零售商的优势地位并不是表面上看到的大批量采购而形成的规模经济，其真实的来源是分工与专业化经济。

传统零售商内部的分工程度远不如现代零售商，很多传统零售商事实上是各个供应商在维持其经营和运转的。每个供应商都自己单独组织订货、进货、运货以及卸货，并且订货方式是以前的方式，没有实行现代零售商的无纸化订货。因此，

从订货到货品上柜台占用相当多的时间和精力，而且在这个过程中，由于人工化的工作量占很大的比重，出错率非常高，导致物流的低效率，即使某项工作的专职人员能够因为专职于自己的工作而产生一些分工经济，物流的低效率也足以抵消这一项分工成果。传统零售商内部没有明确的分工，管理部门的人员往往是身兼多职，他们要在不同的工作内容之间转换，这就产生了一项不可忽视的成本。

现代零售商由于其组织形式方面的特点使其获得了传统零售商无可比拟的优势，它的信息传递系统也使得零售商能够及时得到消费者需求的最新信息，现代零售商由于其采取连锁经营的方式可以大幅度地降低交易成本，同时由于其内部的深度的分工产生了专业化经济，超级市场这类的新兴业态的市场地位迅速上升，深得消费者的青睐，从而也吸引了众多的供应商的眼球。很多供应商将现代零售商作为自己争夺市场份额的主要甚至是唯一的途径。然而，也正是由于零售商意识到了自己对于消费者和供应商的不可抗拒的吸引力，他们开始发挥自己在渠道中的优势权利，逼迫供应商满足自己提出的各种条件，供应商与零售商的矛盾由此产生了。

四、现代零售商具有的信息优势

信息对于现代企业竞争的战略意义是不言而喻的，著名管理学大师彼得·德鲁克认为，在发达的市场经济中的经济权力从制造商向经销商和零售商转移是由信息所导致的。组织的规模除了用人数和物资来衡量之外，信息的多样化与否也是判断组织规模大小的一个指标。可见，信息在现代市场竞争中的重要性，然而信息不完全和不对称可以说是市场经济中的普遍现象。生产者与消费者之间、需求者与供给者之间信息的不完全不对称关系就给了掌握信息者的市场权力，而现代大型零售商却具有这样的市场力量。现代零售商运用了以计算机为基础的信息传输系统，增强各门店与总部的信息交换能力。

消费者对产品的期望是不断变化的，"顾客越来越精明，他们开始希望能直接或间接地影响生产者更好地让企业提供的产品切合顾客的需求"，因此生产商组织生产的依据并不是往年的产品结构，而是他们获得的最新的需求信息。要获得这些信息，做好与零售商之间的有效的信息沟通是关键，而零售商处于供应链中最接近消费者的环节，对于消费者的需求方面的信息最有发言权，这在于现代大型零售商对需求信息具有很强的集成功能。因为，现在进入超市的产品的条码化程度非常高，而且一般大型超市都采用POS（销售时点信息系统），POS与条形码相结合，零售商可以及时准确地掌握消费者的需求偏好、支付能力以及对产品质量的评价等方面的信息。现代零售商通过广布门店的经营方式形成了一个巨大的信息网络，每一台收银机都是一个信息搜集器，它们汇集了零售店的商圈内的消费者的需求信息。根据及时、准确、丰富的需求信息来调节生产供给对于降低生产和供货的盲目性的作用是显而易见的，因此零售商所掌握的这类第一手信息对于供应商来说是举足轻重的。然而，零售商是不会免费为供应商提供这些信息的，因为他希望获得对搜集信息进行的投资的回报，信息就产生了力量。信息在供应商与零售商之间就是一种产品，而信息产品有着"生产的固定成本高、复制的可变成本低"的特点。零售商为获得消费者的需求信息进行投资，产生了大笔的固定成本，其在日常经营过程中得到需求信息的可变成本非常低，因此，零售商要将对信息的投资所产生的成本分摊在他向供应商提供的每一个信息上。但是，具体的交易中，又很难为每一个信息定价，于是，现代零售商就向供应商提出了进场费的要求。我们可以反观宝洁公司与其零售商的关系，宝洁公司之所以能够不受零售商的支配，甚至是它支配零售商，其原因并不仅仅是宝洁的统一的价值观，更为重要的一点是由于宝洁能够掌握消费者需求信息。宝洁所有的工作都是从了解消费者入手的，他们拥有完善的市场调研网络，实现"发现消费趋势，再领导消费趋势"的目标。正因为如此，宝洁公司在渠道中的地位就不同于一般的供应商。

在渠道中，零售商扮演着供应商与消费者信息桥梁的角色，因此现代零售商的市场信息力量不仅表现在对供应商方面，同样表现在对消费者方面，供应商对零售商具有信息依赖，消费者同样对零售商具有信息依赖。一方面，零售商是消费需求信息的搜集者，另一方面，他又是供应商产品信息的发布者。消费者获得产品质量、价格以及售后服务等方面的信息的渠道主要是零售商。试想一下，在商品市场相当繁荣的现代社会，如果每一个消费者都不通过零售商而直接与供应商进行交易（尤其是生活日用品的交易），消费者和供应商为了搜寻信息所付出的成本将是不可想象的，高昂的信息成本和交易费用必然会促使零售商这样的信息中介人的出现。当供应商和消费者都将零售商视为产品的主要信息来源时，零售商的信誉就承担了对供应商产品质量的担保，在假冒伪劣产品泛滥的今天，现代零售商对消费者作出的质量承诺对消费者而言有着不可抵挡的魅力。零售商充分抓住了消费者的需求心理，赢得了消费者的比较充分的信任和依赖。现代零售商充当了消费者的采购代表，在这种消费引导生产的市场环境下，是消费者赋予了他们支配供应商的权力。

在实践中，现代零售商由于其在渠道中的信息中介地位而获得了对供应商的支配权，在经济学理论上，供应商与零售商的关系具有典型的委托——代理关系的特点，他们之间存在着信息的不对称问题。信息经济学中将拥有私人信息的一方称之为代理人，不拥有私人信息的一方称之为委托人，在需求信息的问题上，零售商就是拥有消费者需求信息的具有信息优势的代理人，而供应商就是需要这种信息的处于信息劣势的委托人。鉴于代理人所拥有的信息对委托人的价值,委托人必须设计一个激励合同诱使代理人愿意将需求的真实情况汇报给委托人。作为委托人的供应商所设计的合同必须使得作为代理人的零售商在采取供应商要求的行动之后所获得的收益大于他采取其他行动的收益,如果不是这样,零售商很可能出现逆向选择或者道德风险的问题,从而背叛与供应商之间的交易契约。因此,供应商就只得在进场费、还款期限、促销等方面满足零售商的条件,确保零售商愿意销售他们的产品,愿意向供应商提供消费者的需求信息。

另一方面,零售商与消费者之间也存在着这样的委托——代理关系。在零售商与消费者发生交易的环节中,消费者希望从零售商那里得到关于产品的质量、价格等方面的信息,他们是处于信息劣势的一方的委托人,而零售商则是拥有产品信息的代理人,事实上他们就是消费者的采购代表,再次扮演了代理人的角色。但是这一对委托——代理关系的重点不在于委托人采取什么激励合同确保得到真实的信息,而在于这种关系对供应商的影响,如果零售商不如实发布关于商品在质量和价格等方面的信息,受害者除了消费者还有供应商。所以,零售商在消费者与供应商之间的信息桥梁作用给予了其强大的渠道权力。本书从理论上分析了信息给现代零售商带来了渠道支配权,而一项调查结果也显示了渠道各个层次的成员对于信息导致的权利转移的看法(见表4-1)。

表4-1 渠道力量的转移

渠道成员	力量转移		朝哪个方向	
	否/%	是/%	向零售商/%	向制造商/%
连锁零售商	41	59	72	28
制造商	27	73	86	14

由上表可以看出,59%的连锁零售商认为使用了渠道信息系统之后,渠道力量发生了转移,在这59%的连锁零售商中又有72%认为渠道力量的转移方向是朝着零售商。制造商似乎对力量的转移更为敏感,73%认为渠道力量在发生转移,其中又有86%觉得力量转变的方向是零售商。由此可见,从渠道成员的实践经验也得出了信息对渠道力量转移的推动作用。

五、现代零售商具有诱导消费者的优势

如今,面对各种类型的零售店,消费者的选择空间很大。不论哪个年龄阶段的消费者都比较喜欢去大卖场和超级市场购物,而传统的百货商店和便利店以及传统食杂店所占的比重非常小。

消费者之所以喜欢光临现代零售商,一个原因在于现代零售商对消费者具有

一种诱导优势。消费者在不同的业态之间取舍的根据就是自身效用的满足情况，现代零售商深谙其中的道理，以各种迎合消费者的方式投其所好，使消费者对零售商产生依赖。消费者的效用的满足除了产品的使用价值之外，还有直接的经济利益，现代零售商的战略之一就是低价策略，市场采取让利措施让消费者得到实惠，"锁定"消费者。尽管一些研究表明消费者在选择购物场所的时候价格不是最重要的因素，但是消费者在进行购买决策的时候，会根据其预算约束来选择使得自己效用最大化的决策，因此，零售商的让利与服务还是具有很大的吸引力。效用是消费者的主观感受，零售商的"天天低价"的口号似乎也能增加消费者的效用。买方市场条件下商品市场不仅产品供大于求，而且产品同质化程度很高。使用价值的高度同质化使得消费者将购物的心理收益放在了重要的位置，低价和良好的购物环境使他们觉得得到了很大的效用，这两点成为了同质化产品之间差异化的来源。零售商将利益让渡给消费者后必然会有动力去挤占上游供应商的利润，这样零售商才能够获得利润。沃尔玛的"为顾客和供应商谈判"，麦德龙的"千方百计降低顾客的购买成本"，都是这个问题的充分例证。还有一点就是同质化的产品使得零售商的转换成本很低，购买任何一家供应商的产品都不会有太大的影响，可以寻求到给予其低价的供应商，因此他有很强的买方砍价能力。

现代零售商对消费者的魅力的另一个来源在于其为消费者提供的服务。零售商的经营行为的绩效很能影响消费者对零售商的满意度和忠诚度。这里的零售商的经营行为主要有购物的便利性以及出口的易到达性，产品线的广度和深度、定价策略、促销以及个人服务。超级市场这类的零售商在以上这几方面具备了吸引顾客的优势。超级市场满足了消费者一站式购物的需要，可以大大降低消费者的搜寻时间。在超级市场内购物，可以任意挑选自己喜欢的商品，产品线在深度和广度方面要大大高于传统零售商，消费者选择范围增加了。在需要的时候，可以接受导购员的帮助。超市里的促销、广告等信息非常清晰，能够充分吸引消费者的注意力。超级市场的付款方式较之于百货店之类的传统零售商来说是一大优势，一次性结清消费者选购的所有商品，而不需要为每一样商品进行一次付款，交易的便利性提高了。著名营销大师菲利普·科特勒将产品分割为三个因素：实体产品、服务和创意。传统零售业只是给消费者提供所需的实体，而现代零售业卖的不再只是实体产品，而是品牌、时尚、信誉、便捷和环境，是由产品向"服务"和"创意"的延伸，这正是现代零售商功能的体现。国际著名零售集团沃尔玛公司提出了"三米微笑原则"，以及"保证满意"的退货政策，使消费者的效用得到最大的满足。对顾客的服务意味着鲜明的个性定位，意味着信息充分、自由选择，也意味着便利与快捷，这些都是追求个性化需求的消费者非常在意的因素。现代零售商为了吸引消费者非常注重对购物环境的投资，店面大而华丽给消费者创造宽松、自由的购物场所，店内的光线柔和、温度适宜，顾客可以自己选择结款方式，等等。消费者的购物行为已经不再是单纯的购物了，而是工作之余的一种休闲和放松，这是现代零售商为消费者进行的增值服务。零售商的这种服务竞争投资对消费者形成了巨大的吸引力，为他们锁定了一大批顾客群。事实上，这是零售商对渠道关系进行的特定资源投资，努力创造差异化的"产品"，而同质化产品的供应商并没有或者较少对这种渠道关系进行特别投资，因此双方对顾客的吸引力也不同。

现代零售商具备吸引消费者的能力，这主要源自其对消费者的承诺，例如，江苏的苏果超市向消费者作出了"苏果无假货，件件请放心"的承诺，并且他们也将此承诺付诸实际行动，超市对消费者的有关产品质量的承诺避免了鉴别商品质量好坏的成本，效用得到最大化。2003年8-10月期间，由中国连锁经营协会发起，IBM（中国）有限公司和北京零点指标信息咨询公司参与，依托14家大型连锁企业，在全国12个大城市进行了"超市顾客趋势调查"。中国连锁经营协会公布了我国首次超市购物者调查报告，调查结果显示，在食品安全、绿色食品标志可靠、品种丰富、始终有货、物有所值、价格便宜等几个因素中，消费者最看重食品的安全性。太原理工大学的毕雪萍在对M超市的消费者行为的实证研究中发现，不论何种经济收入层次的消费者都相当重视商品质量，尤其是收入在1500元以下的消费者，都将质量作为选购商品的首要因素。可见，能够迎合消费者对商品质量的要求的零售商才能有市场。

事实上，不论是何种业态的零售商都很重视商品质量。其原因在于商誉的范围经济，消费者对某个企业的产品的看法往往会扩散到该企业的其他产品。消费者对零售店的产品质量不满意，会蔓延到对该零售店的其他商品，对店内的所有商品的质量都心存疑虑，直至对零售商的所有门店的信誉都产生负面的印象。之所以会形成这样的反应，是因为消费者在某零售店内购买了质量不好的商品后会产生某零售店质量不合格的刺激反应。尽管日常生活用品一般都是"经验品"，消费者只有在购买并使用之后才知道其所购商品真正的质量水平，但是由于消费者与零售商之间的关系并不是一次性博弈关系，而是一个重复购买的过程，因此，高质量的产品可以吸收消费者更多的未来收益，零售商只有向消费者提供货真价实的产品才能赢得持久的竞争优势。很多现代零售商都是通过公开招标的方式挑选信誉好、质量高的供应商，淘汰质量不过关的供应商，树立质量优良的形象。

现代零售商在信息以及组织等方面的优势使其在零售市场上独占鳌头，占据了很大的市场份额，相比之下，传统零售商的经营状况每况愈下，在与新兴业态的竞争中处于越来越弱的弱势地位，现代零售商成为供应商的产品参与市场竞争的最有效的平台。因此，现代零售商在渠道中的控制权的获得与其在与传统业态的竞争中的强势地位分不开，他们成为供应商最为有效的销售平台后，必然会发挥手中的权力。

六、现代零售商具有的渠道优势

在消费品市场上，渠道的两端是制造商和消费者，中间包括批发商、中间商和零售商，但渠道级数并不是固定的，因产品特性和零售商的业态而异。零售商是产品销售的终端，拥有发达完善的渠道终端是终端能够称王的筹码，发达的终端赋予了零售商在市场中制胜的力量。现代零售商的渠道力量实质是信息力量和组织力量的统一。现代市场竞争有一个特点就是时基竞争，是企业的一种快速反应能力，这种反应能力是建立在信息基础上的。现代零售商具有广布门店的特点，每一个门店的每一个扫描仪和收银机都在向总部发送内容丰富的需求信息，因此，现代零售商的信息搜集能力是传统零售方式下无法想象的。零售商的总部在进行信息筛选之后，迅速将这些信息传递给供应商或者物流配送中心，其快速反应能力就是基于信息搜集和处理能力而形成的。现代零售商的总部、门店、物流配送中心以及供应商之间形成了一个巨大而稳定的网络，他们虽不是一个网络组织，但却发挥了网络组织的功效。这些特点使得现代零售商牢牢掌握了市场终端，将传统零售商排挤出去。

很多制造商（尤其是生活日用品制造商）看中了现代零售商的销售能力、资金实力、管理水平以及如日中天的市场地位，将具有一定网络规模的零售商视为其最主要的销售平台，撇开了批发商、代理商，直接与现代零售商进行供货谈判，自己建立进货网络系统。久而久之，连锁超市往往成为了供应商最主要的甚至是唯一的销售渠道。如果供应商退出这种渠道关系，他们不能在短期内迅速找到更合适的销售平台，也就是说现实中没有比连锁超市更适合生活日用品销售的业态了，一方面是由于目前实行连锁经营的现代零售商的市场份额是传统零售商望尘莫及的，另一方面是自主挑选商品的开架售货方式，宽敞而明亮的购物环境，货款一次性结算，一站式购物等等优点的确是比较适合生活日用品的销售。如果供应商自建销售网络，或者将生活日用品放在诸如百货店之类的零售商的柜台上销售，一般而言，其成本将是高昂的，得不偿失。可见，供应商退出现代零售商的这种渠道关系，成本将远远大于收益，他只得维持与零售商的关系，这必然会导致供应商对零售商的关系依赖，这无疑为零售商在与供应商的谈判中增加了筹码。现代零售商也深刻明白其对供应商们的意义，更会将这种支配权向极致发挥。

传统零售商在现代的市场竞争中的弱势已经显现出来了。消费者再也不愿意去那些空间狭小的零售场所，他们早已厌倦了旧式的付款方式，也不能接受比现代零售商高的售价，"上帝"们更喜欢随心所欲地挑选商品而不用忍受售货员的不耐烦的服务态度，这是传统零售商的经营方式为自己参与市场竞争带来的障碍。传统零售商的信息系统比较落后，他们无法搜集准确而及时的需求信息，也不具备科学筛选、处理需求信息的能力，更谈不上对信息的充分利用了，从而导致传统零售店出售的商品似乎不能符合消费者追求个性化消费的心理，这是传统零售商在信息系统方面的落后而带来的不利影响。传统零售商没有现代化的物流配送体系支撑它的运行，从订货到运货直至商品摆上零售店的柜台，这是一个缓慢的过程，且不说订货的种类、数量、交货时间等方面的出错率，人工化的操作将使得传统零售商的人力成本远远高于现代零售商，不利于零售商成本和商品售价的降低，从而导致客源流失。传统零售商为追求规模收益，不顾商圈内人口、购买力等方面的极限，拼命追求单体经营规模的扩大，其后果是预料之中的——规模收益递减，惨淡经营。由于存在以上的缺陷，传统零售商难以获得渠道优势，这样的终端在现在这样的竞争环境中是不能称王的。

第二节 厂商关系模式分析

一、衡量厂商关系理想与否的标准

分析完现代零售商对供应商的支配权力来源后，必须探讨一下厂商关系模式。本节将厂商关系模式的研究分为非理想的厂商关系模式和理想的厂商关系模式。然而，由于对厂商关系问题的不同研究视角，衡量厂商关系好坏的标准不尽相同。

满意度指的是渠道成员之间的相互满意，可以促进渠道成员之间的合作，同时相互满意的交易伙伴间继续合作的可能性将大大增加。如果双方之间保持着高度的相互信任，合作双方对对方的可靠性都非常肯定，并且双方都认为对方会将自己视为其利益共同体，那么这种关系的质量就非常高。冲突既会破坏渠道成员的合作关系，也会促进成员间的进一步合作，但是过于激烈的冲突一定会严重损害关系的质量。

衡量关系理想与否的标准，其主要有目标实现、关系效率、承诺程度、持续性期望、投资意愿以及双边的成功。如果当前合作关系相对于与其他合作伙伴的合作来说更有利于实现事先预定的关系目标，那么这种合作关系就是优秀的。如果合作伙伴在决策时考虑将对方的利益作为因素，那么这种关系就很有效率，关系的效率还有一个衡量标准，就是看双方对合作进行的投资与合作收益之间的比例关系。如果合作者背叛合作关系的可能性很小，那么可以认为双方对关系作出了有效承诺。对关系持续性期望，衡量方式是看合作双方对维持这种关系的意愿。投资意愿要看双方对合作关系进行关系性投资的愿望，例如，互相参股就说明了进行长期合作的打算。双边的成功主要是类似这种关系是否有过成功的案例以及成功案例的数量，如果经常有成功案例发生，说明可能目前的这种关系也将是成功的。

上文的这些衡量方法从理论上来看都是可行的，但一般需要经过实证分析才能让人们明白此中厂商关系到底是否理想，并且每一个关系影响因素对厂商关系的影响力到底有多大很难衡量得出来。本节衡量厂商关系理想与否的标准与以上不同，主要是利用福利经济学的分析方法。福利经济学衡量经济活动的标准有两个，一个是帕累托最优，另一个是社会净剩余。"帕累托最优状态是指任意改变都不可能使至少有一个人的状况变好而又不使任何人的状况变坏的资源配置状态"，由于帕累托标准的条件过于苛刻，所以这里采用后一种方法，也就是看厂商关系对社会净剩余的影响。经济学分析方法中，往往将买方和卖方（本节中就是供应商与零售商）之间关系的研究转化为对定价权的研究。下文的各种厂商关系模式对社会净剩余的影响就来自于价格对福利的影响。因此，我们可以清楚地看到，每一种价格将对供应商和零售商的利益的影响，以及消费者获得收益的最大空间。

二、非理想的厂商关系模式

（一）厂商之间的单边垄断模式

厂商关系的一种模式是厂或商的单头垄断，即买方垄断或卖方垄断。尽管仍然没有证据说明目前的零售业已经形成了垄断的局面，但是，随着来势汹汹的国际跨国零售集团抢滩中国市场，国内零售企业最终会落得大鱼吃小鱼、快鱼吃慢鱼的结局。不适应市场竞争的零售企业将被大型零售集团挤出市场，垄断格局的形成也不是没有可能的。但是，对于生活日用品而言，供应商似乎不太可能形成垄断的格局，在卖方市场的条件下，供应商支配零售商的渠道状况也没有为供应商带来垄断市场的权力。而在目前买方市场逐步形成的过程中，由于零售商之间的实力悬殊，特别是通过连锁而崛起的大型零售集团与传统的零售业态之间的竞争能力不可同日而语，一些颇具市场地位的零售商很有可能导致零售业的寡头垄断或者垄断竞争。如果零售业的行业集中度很高，则极有可能导致零售商的买方垄断势力。但是，目前我国的零售业的行业集中度还不高，应该说是比较分散的，并且短期之内，这种状况并不会有所改变。买方企业之间的相互作用也是决定行业内买方垄断势力的一个因素。目前的零售业，竞争是非常激烈的，除了新兴业态与传统业态的激烈对抗，新兴业态内的企业之间的竞争也是异常激烈，有本国零售企业的竞争，还有本国企业与国外零售企业的争夺。这样激烈的竞争，在不存在相互合谋的情况下，买方的市场势力被大大地抵消了。

下面分析单边垄断对社会福利的影响，这里主要分析供应商处于完全竞争而零售商处于买方垄断这种情况，原因是目前我国消费品市场上的厂商关系的主要表现形式是零售商支配供应商，因此，出现供应商的卖方垄断的可能性非常小。

假设供应商向零售商提供产品A，零售商向消费者出售的产品为B，产品A只出售给该零售商。这里假设零售商将全部的B都出售给消费者，因此消费者对产品B的需求量也就是零售商对产品A的需求量。这里的分析方法类似于要素市场，因为可以假定产品A是零售商的生产要素。由于存在向下倾斜的要素（产品A）的边际产品曲线和数值为正的要素价格，所以，零售商使用要素（产品A）的边际收益曲线也是向右下方倾斜的。为了简便起见，这里仍然将使用要素（产品A）的边际收益简单表示为边际收益MR。零售商处于买方垄断地位时，根据MR与MC曲线的交点决定零售商的最优购买量Q_m，此购买量处的价格为P_m。而竞争性市场中的均衡价格为P_e，均衡数量为Q_e，很显然$Q_m < Q_e$，$P_m < P_e$，也就是说在零售商买方垄断的条件下，零售商的最优进货量和进货价格都低于竞争性市场中的数量和价格。

在分析零售商买方垄断的经济效率的时候，借用福利经济学中的消费者剩余和生产者剩余的分析方法，福利的变化表现为零售商剩余和供应商剩余。由于零售商确定的价格和数量都远远低于竞争性市场中的数量，供应商剩余减少了P_eBAP_m，相反，零售商剩余却增加了，增加量为$P_eDAP_m - DCB$。社会福利的变化量为$P_eBAP_m - (P_eDAP_m - DCB)$，也就是ABC的面积。所以，在供应商处于完全竞争的市场条件下，零售商的买方垄断力量将导致社会福利损失ABC，而这种损失确是无谓的。如果零售商不仅仅是买方垄断者，同时又是卖方垄断者，那么零售商的边际收益曲线低于平均收益曲线即需求曲线，此时的零售商的最优购买量和最优价格均低于零售商是完全竞争的状况下的最优购买量Q_m和最优价格P_m，无谓损失更大了。这种无谓损失就是由于零售商行使买方垄断权力而导致的（见图4-3），因此，厂或商的单头垄断只会降低社会福利，即使它可以增加零售商剩余。

上文的分析有一个假设就是产品A不存在替代品，事实上如果存在替代品，买方垄断势力会相对减小，但其会导致无谓损失的结果却是一样的。可见，厂或商单边垄断的关系模式是非理想的厂商关系。

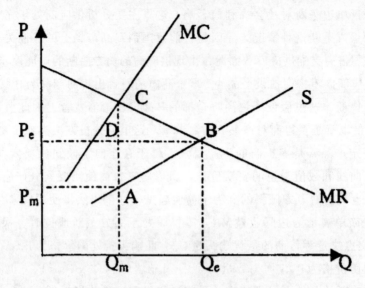

图 4-3　买方垄断的福利损失

图片来源：马龙龙，裴艳丽.零售商买方势力的滥用及其对

策研究［J］.商业经济与管理，2003（5）：4-8.

（二）厂商之间的双边垄断模式

供应商与零售商建立合作关系是大家所希望看到的，因为合作对消费者、供应商和零售商的长期利益是有利的。然而，供应商与零售商的合作关系却有可能呈现这样一种趋势——零售商与大型供应商的紧密合作，也就是说，众多的中小供应商被排除在合作的大门外。零售商与大型供应商之间的关系比与中小供应商的关系要和谐得多，零售商将大型供应商放在至少与自己平等的地位上，然而它们会对中小供应商尽量发挥其所拥有的渠道权力，提出苛刻的进场条件，收取各种名目的费用。因此，厂商合作多是出现在大型供应商与零售商之间。大型供应商一般提供的是名牌商品，而中小供应商由于无力支付高额的营销费用，提供的商品多是不知名的。

超级市场的一个重要的策略就是同时经营名牌商品和不知名品牌商品，而名牌商品的价格透明度很高，超级市场的利润来源主要不是这些名牌商品，却是那些不知名品牌商品。即使名牌商品不能为零售商带来多少利润，超级市场仍然要经营名牌商品，这是因为名牌商品可以提高超级市场的形象。由于名牌商品具有强势的品牌地位，它对于超级市场是不可或缺的，因此，超级市场对名牌商品供应商采取合作的态度。宝洁是名牌制造商也是它与沃尔玛能够建立相互信任的合作关系的一个原因。超级市场不能将名牌商品作为其利润来源，就只有从非名牌商品上挖掘利润潜力了，非名牌商品的知名度低，价格透明度也非常低，超级市场可以根据自身的需要来确定这类商品的价格，并且消费者不知道这种情况。但是超级市场内的非名牌商品的价格还是低得足以吸引消费者的，这是因为大部分非名牌商品的广告费用相对于名牌商品要低得多。因此，在与中小供应商交易的时候，零售商倾向于使用支配权力，要求其满足自己提出的各种进场条件，压低进货价格，延长付款期限，等等，他们之间的关系是以冲突为主的。

零售商倾向于与大型供应商的另一个原因是技术方面的，零售商的制胜点之一是其在经营管理中大量应用现代信息处理技术，这是组织大生产和大流通的需要，可以提高零售商的管理水平。此外，现代零售商都要求有高科技配备的物流设施，只有这样的信息化的技术才能实现零售店的低成本等策略。零售商往往会要求其供应商也建立相应的信息系统，以便双方可以快速地实现信息共享。然而往往只有大型的供应商有资金实力配合零售商的这一套信息系统，很多中小供应商就无力进行这样的投资。因此，就会出现零售商排挤中小供应商的现象。

尽管零售商有与大型供应商合作而排挤小型供应商的倾向，但是，厂商双边垄断的局面似乎不太会出现，平狄克和鲁宾费尔德认为，更常见的是只有少数具有一定垄断势力的生产者，和少数具有一定买方垄断势力的买方销售市场。这是因为"买方垄断势力和卖方垄断势力倾向于相互抵消"，很难断定哪一方更占优势。因为，买方垄断的买方是在边际支出与边际价值的交点处决定的购买量，而该购买量处价格是由供给曲线也就是买方的平均支出曲线决定的，价格低于边际价值。垄断的卖方要在边际成本与边际收益曲线的交点处决定供给量，此时，价格超过了边际成本。那么，双边垄断的情况下，卖方会尽量将价格抬高到买方的边际价值，而买方又会将价格压低到卖方的边际成本，双方之间很难达到稳定的状态。多纳德·海和德理克·莫瑞斯在《产业经济学与组织》里研究纵向关系的时候，假设买方和卖方处于不同的市场结构中，此时的厂商关系显得很复杂。多纳德·海认为，纵向关系中，出现双边垄断的情况似乎更好解决问题，因为卖方和买方都只有一个企业，双方可以很容易进行谈判。而在双方都是寡头垄断的市场结构中，情况就相当复杂了，即使是双边谈判也不能解决问题。

下面要分析供应商与零售商双边垄断对消费者剩余以及生产者剩余产生影响。假设供应商处于卖方垄断，他们提供产品A，零售商处于买方垄断地位，他们向消费者提供产品B，见图4-4。

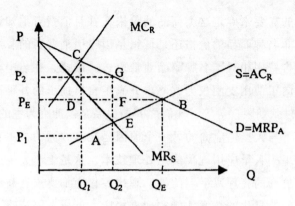

图 4-4 双边垄断的福利损失

为了分析方便，假定不存在供给垄断，在需求垄断情况下，零售商面临的需求曲线是 $D=MRP_A$，MR_S 表示供应商的边际收益曲线。MC_R 是零售商的边际成本曲线，AC_R 是零售商的平均成本曲线。假定不存在需求垄断，在供给垄断的情况下，供应商面临的供给曲线是 AC_R 曲线，因为是垄断的，他对每单位产品 A 支付相同的价格，所以平均成本曲线就是他的供给曲线。在供应商不存在垄断势力的情况下，零售商根据 $MRP_A=MC_R$ 的原则决定进货量 Q_1，并由此决定价格 P_1。供应商根据 $MR_S=MC$ 的原则来决定供给量，但是为了使自己的生产者剩余最大化，供应商若将供给曲线视为边际成本曲线将能获得最大的生产者剩余。因此，供应商在供给曲线 AC_R 与边际收益曲线 MR_S 的交点决定的产量作为最优供给量 Q_2，此时决定的价格为 P_2。究竟应该选择哪个价格作为交易标准呢？这取决于供应商和零售商的讨价还价能力。竞争性市场中的最优供给量是 AC_R 曲线与 MRP_A 曲线的交点决定的 Q_E，价格为 P_E。

与竞争性市场相比，当产量与价格为（Q_1，P_1）时，零售商剩余变化为 P_1ADP_E-CDB，供应商剩余变化量为 P_1ADP_E+DBA，因此，社会福利的无谓损失为 $CDB+DBA$ 也就是三角形 ABC。当产量与价格为（Q_2，P_2）时，零售商剩余减少了 P_2P_EBG，供应商剩余增加了 $P_2P_EFG-FBE$，因此，社会福利的无谓损失为 GEB，小于 ABC。所以，供应商和零售商双边垄断的情形下，社会福利的无谓损失在 GEB 和 ABC 之间。

（三）厂商之间的纵向一体化模式

厂商关系的另一个模式就是厂商纵向一体化，尽管目前业务外包、专注核心竞争力、虚拟企业等概念备受关注，但是，纵向一体化还是存在的。当买方垄断的零售商将进货价格压低到供应商不能承受的地步时，必然会迫使供应商自建销售网络。或者当零售商实力相当雄厚时，也有可能自建生产基地，实行后向一体化。产业经济学的文献表明，厂与商进行纵向一体化是可以产生以下几个好处。

其一，降低交易成本。将市场化的交易内化为企业内部的关系可以节约信息成本和契约成本。厂和商为了监督对方，避免道德风险，需要获得大量的信息，而在一体化内部，这种信息的获得要相对容易得多，成本大为降低。在现货市场上，由于存在有限理性，厂商之间的合约总是不完全的，因此，厂商总是要根据变化了的情况来更改契约，而纵向一体化就能够避免总是要不断重新签订合约的情况。

其二，消除双重加价。纵向一体化可以通过消除连续的成本加价而导致价格降低或者产量的上升，从而带来利润的增加。在非一体化的情况下，零售商的成本包含了自己的生产成本和供应商产品的售价，零售商以次成本决定的售价高于上两阶段生产成本之和。在纵向一体化的条件下，零售商用来决定产量和售价的成本只是两阶段的生产成本之和，这可以大大增加零售商的产量。

其三，避免零售商运用买方垄断力量。对双边垄断的福利分析中，厂或商的单边垄断都可以造成产量低于双方合作时的产量。在垄断的买方和卖方进行合作的情况下，尽管双方都具有垄断势力，但是仍然可以增加社会福利。但是，现实中，厂或商之间的合作并不是那么容易达成的，因为双方都想通过发挥自己的卖方垄断力量或者买方垄断力量而实现己方的利益最大化，这样，最大的受害者是消费者。纵向一体化的情况下就不可能发生这种现象。

综合纵向一体化以上的三点好处，可以得出纵向一体化是有利于增加消费者福利的结论。但是，更令人担忧的一点纵向一体化会产生垄断的后果，假设零售商实行后向一体化，那么在吸收了纵向一体化所带来的好处后有可能在零售市场上实施垄断力量，从而降低社会福利。零售商在产品销售市场上是垄断卖方，这对消费者剩余的影响就是普通意义上的垄断厂商对社会福利的影响。垄断厂商根据边际成本等于边际收益的原则来进行生产，而在完全竞争市场中厂商决定生产的原则虽然也一样，但是由于在完全竞争市场中价格（平均收益）必须等于边际成本。在垄断市场上，平均收益曲线高于边际收益曲线，因此，竞争性市场中的产量大于垄断市场的产量。这个差别导致了消费者剩余的损失。所以，纵向一体化在理论上是可以增加社会福利的，但是在现实中会由于垄断力量的实施而导致消费者剩余的损失，因而，这也不是一种理想的厂商关系模式。

三、理想的厂商关系模式

（一）理想的厂商关系模式的主要特征

理论上，厂商关系要达到理想状态的主要特征是社会净剩余的最大化。对单边垄断和双边垄断的分析中可以看出，这两种厂商关系模式下供应商和零售商都是根据自己的利益最大化的原则来决定购买量或者供给量，而不考虑其对社会福利的影响。如果厂商进行合作，他们有可能协商出对社会福利损失最小或者较小的购买量或者供给量以及价格，从而最大化消费者获得收益的空间。

在转向买方市场的过程中，消费者逐渐掌握了主导权，消费引导着生产，虽然这种消费→流通→生产的方式能够使消费者获益，但是也存在着负面效应。

第一，产品积压。在买方市场条件下，消费者是生产的最终目的，消费者对商品的数量和种类具有决定权，但是很多供应商无法获取这些需求信息，生产存在很大的盲目性，必然会导致销售困难，产品积压，在这种情况下，供应商之间展开了无序的价格竞争，造成社会资源的极大浪费。

第二，供应商之间竞争费用的增加。买方市场环境中，消费者的需求信息对于供应商来说具有至关重要的作用，而能够获得这类信息的是现代零售商，他们能够据此组织适销对路的货源，减少生产的盲目性，因而需求信息和销售能力成为现代零售商要挟供应商的砝码，这些权力和优势地位是消费者所赋予零售商的。供应商为了获得需求信息，为了能够挤上零售商的货架，为了将产品顺利地销售出去，他们必须支付给现代零售商所谓的进场费，进场费在供应商年销售额中占有很大的比重，竞争费用大大增加了。

消费导向的买方市场至少存在两点弊端，而买方市场这样的市场环境是无法改变的，与消费者密切相关的供应商和零售商之间的关系显然能够对从消费到生产的动态关系产生影响。从动态上看，厂商合作能够由引导消费到引导生产，促进流动，促进增长，实现生产—流通—消费关系的最优化。因此理想的厂商关系模式应具备如下主要特征。

第一，厂商合作能够通过引导消费从而引导生产，优化社会资源的配置，促进社会福利的增加。消费引导生产的买方市场中，供大于求的状况使得零售商的地位优于供应商的地位，他们之间地位的失衡既无法实现公平也无法实现效率，社会福利的增加更无从谈起。这里不去讨论公平、效率与社会福利的关系，而仅仅讨论这种资源配置方式所产生的经济效率与福利的关系。消费引导生产的情况下，供应商处于被零售商支配的地位，竞争费用大大增加，而这种状况是完全可以改变的。如果零售商不使用自己手中的支配权，而是与供应商进行合作，他们共同来引导消费，再到流通和生产，使得生产、流通的效率大大提高。这样，既改善了供应商的状况，又没有损害到零售商的状况，同时消费者也获得了更大的收益，社会福利获得了增加，促进了经济的增长。

第二，提高供应商和零售商的市场竞争力。供应商与零售商之间的合作需要有良好的物质条件，主要在于供应商与零售商之间的信息交换系统和物流配送系统，这是理想的厂商关系的必要且充分的条件。在各方信息畅通的情况下，供应商才能够及时获取消费者的需求信息以及零售商的订货信息。在物流配送系统的协助下，零售商才能及时补货，最大限度地降低缺货成本和库存成本。这样，供应商与零售商能够以较低的成本、较高的效率为消费者服务，并提高供应商和零售商以及整个供应链参与国际竞争的能力。事实上，理想的厂商合作关系也是参与国际竞争的客观要求。

第三，促进市场的发育和完善，规范市场秩序。商支配厂状况下零售商的盈利模式是将进场费作为零售商的利润源泉，而不是通过买卖差价来实现。这种盈利模式使得供应商无利可图，只有降低产品的质量，以次充好，欺骗消费者；这种盈利模式使得零售商可以一味地降低产品的售价，零售企业之间展开了低层次的价格战，导致了市场竞争的无序性，不利于市场的发育和完善。如果厂商之间实现理想的合作关系，那么供应商根据零售商提供的需求信息组织货源，零售商可以以最低的成本和最高的效率得到产品，这样，整个供应链的成本大为降低，消费者在获得低价的同时供应商和零售商都能够获得收益。供应商之间的竞争、零售商之间的竞争都不再是低层次的价格战，而是整条供应链之间效率的竞争，有利于促进市场的发育和完善。

（二）理想的厂商关系模式的探讨

基于现实原因的考虑，建立以相互信任为基础的战略联盟应该是一种理想的厂商关系模式，这里所说的战略联盟强调的是相互信任的合作关系，不同于那些将着眼点放在库存、定价等技术层面的战略联盟的研究。

战略联盟将厂商之间的对抗关系转化为合作关系，这种合作形式使得厂商在绕过了纵向一体化的形式下实现了企业资源共享，尤其是信息资源的共享，可以降低整个价值链的成本，提高价值链的快速反应能力。纵向一体化也是一种增加社会福利的厂商关系模式，但是，企业的价值链是一条牵涉到很多环节的链条，就分工和专业化的观点而言，纵向一体化存在着很多问题。供应商与零售商之间建立战略联盟，使得他们能够更好地专注于各自的经营活动，而不必将精力浪费在那些自己并不擅长的环节上。因此，供应商和零售商仍然保持各自独立性的战略联盟应该是处理厂商关系的一个比较实际的方法。二十年前，宝洁和沃尔玛是水火不相容的关系，后来双方都发现合作也许比敌对更有好处。于是，宝洁和沃尔玛开发了电子数据交换系统，宝洁能够迅速了解沃尔玛的帮宝适销售以及库存状况，沃尔玛也能够在最短的时间内得到宝洁的准确的补货，原来复杂的交易过程简化了很多，节约了费用。消费者更加喜爱宝洁和沃尔玛。

供应商与零售商之间的相互信任可以降低交易费用，提高供应链的快速反应能力。由于交易双方都比较信任对方会考虑到自己的利益，因此，这使得交易能够顺利进行，买方不需要再去搜寻另外更合适的供应商，供应商也相信对方不会提出损害自己利益的交易条件。当交易中发生了意外而给一方或者双方带来损失时，双方会尽量考虑对方的处境，而不是将一切问题都交给仲裁机构，节省了大量的交易成本。同时，由于厂商对对方的行为不能够进行有效的监督会导致机会主义行为的发生，而相互信任的厂商关系则可以大大降低监督费用。信任关系能够促进供应商和零售商对消费者需求作出最快速的反应，供应商很相信它从零售商那里获得的需求信息，快速地根据这些信息提供合适的适销对路的产品，节省了时间，保证了厂商以尽可能低的成本最迅速地向消费者提供商品，这种合作关系为厂和商带来了很大的利益。相互信任的战略联盟关系强调的一点是供应商和零售商都认为对方会将另一方的利益作为自己决策的条件之一，并且己方也是这样对待对方的。供应商和零售商之所以愿意采取信任的合作方式，是因为建立信任关系得到的实质利益确实要比产业经济学中提到的特许权要多，这是合作关系能够存在的前提。

建立相互信任的战略联盟合作关系会增加组织之间的依赖性，尼马利亚·库玛和希尔及斯蒂恩坎普通过研究发现，当合作双方的相互依赖性很高的时候，合作将是积极有效的。当一方对另一方的依赖性很强而他对于另一方来说显得不是很重要的时候，依赖的一方会试图降低自己对对方的依赖，这不利于维持相互信任的关系。这与西方渠道理论对企业之间的依赖关系的视角不太一样，渠道理论认为当双方的依赖性不平等时，被依赖的一方会倾向于行使渠道权力，从而导致厂商之间的矛盾冲突，而不是依赖的一方为了摆脱对另一方的依赖导致的矛盾。

战略联盟关系使得供应商和零售商能够以最低的成本和最快的速度提供适应消费者需要的产品，并且这样的零售商出售的商品的价格要远远低于没有实行合作关系的零售商的售价，使消费者得到了尽可能多的福利。另外，供应商和零售商的战略联盟又可以得到纵向一体化下的成本好处，消除连续的成本加价。沃尔玛的口号是"天天低价"，这并不是因为沃尔玛为了最大限度地让利于消费者而作出的牺牲。事实上，即使沃尔玛的价格低于其他的零售商，他仍然获得了丰厚的利润，并且消费者也得到了实惠。这是因为沃尔玛与其供应商们建立了相互信任的合作关系，在计算机技术和物流设施的配合下，及时进行信息共享，及时进行货物配送，大大降低了供应链的运营成本，这保证了沃尔玛低价策略的实施。

在具体实施战略联盟的合作关系时，首先要选择合适的联盟伙伴。选择战略联盟的伙伴时，要充分考虑到合作者的合作能力。供应商要考察零售商是否具有自己要求的销售能力，零售商也要考察一下供应商是否能够提供自己需要的产品，只有这样才能保证合作关系顺利进行下去。确定了理想的合作伙伴之后，供应商和零售商要进行硬件方面的投资。零售商要建立销售时点系统，确保能够搜集到大量的消费者需求信息。零售商与供应商及其物流配送中心要建立电子数据交换系统和电子订货系统，以便供应商能够根据零售商提供的信息及时组织货源，由物流中心迅速为零售商补货。这些信息技术方面的投资有利于供应商和零售商之间进行低成本的合作，使合作变得有价值。供应商和零售商还要组建有效的团队来实施合作，团队成员必须充分领会双方合作的目标，从而能够最大限度地根据对双方都有利的原则进行决策。供应链之间的竞争才应该成为竞争的方式，渠道成员之间是利益共同体的关系，团队成员在实施合作的过程中要将供应链竞争作为终极目标。合作团队应该进行经常性的沟通，使双方都能够及时了解对方的动态并做出相应的配合行动，避免产生误会影响合作关系。相互信任的合作者会在即使对方做了一些有损于己方利益的事情的时候仍然保持宽容，维持双方之间的合作关系。日用消费品会经常涉及促销活动，零售商应及时向供应商表达促销的必要，供应商也要予以理解和支持。

第三节　厂商关系问题的政策含义

一、厂商关系问题的宏观政策含义

厂商矛盾冲突对宏观经济运行会造成一定的不良影响。现代零售商如果过分使用其支配供应商的权力，将会恶化厂商关系，这对零售商、供应商、消费者乃至整个社会经济的稳定产生冲击。现代零售商支配供应商的一个现实表现就是进场费问题，某些零售商每年向供应商收取的进场费额度甚至占到该供应商对该零售商销售额的10%。从表面来看，收取高额进场费，零售商获得了短期的利益，消费者也得到了暂时的实惠，唯一受害的就是供应商。实则不然，当供应商难以承受高额的进场费时，他会想方设法降低进货成本，压低进价是最直观的途径。当进货价格压低到一定程度时，制造商无利可图就会降低产品质量，导致市场上产品的平均质量下降，这种劣币驱良效应的最直接的受害者就是消费者，然后会逆推向制造商以及零售商。整个社会经济出现严重的诚信危机对经济运行的影响我们很难预料，但至少有一点是可以肯定的，那就是它将大大增加社会的交易成本，因为每一个消费者都要为鉴别产品质量耗费很多的机会成本。由于很多零售商的利润源泉是供应商们高额进场费，那么他们会通过降低商品的售价来吸引消费者，有的价格甚至低于生产成本。这种不符合经济规律的定价方法会引起整个市场的价格混乱，严重扰乱市场秩序和正常的运行。如果零售商过分发挥其手中的支配权，一些供应商可能会因为无力改善自己的销售环境而导致破产，其员工流向社会，增加社会的就业压力。因此，对转向买方市场中的厂商关系进行研究的目的之一是为宏观政策的制定提出建议。

其一，制定合理的产业政策。零售业事关"民生"，也关"国计"，国家应该制定合理的产业政策引导零售业健康发展，保证厂商关系沿着正确的道路前进，在中国已经加入WTO的背景下，这个问题显得尤为重要。备受关注的法国家乐福高额的进场费导致了上海炒货协会与其之间的矛盾，随后又发生了家乐福在南京与春兰空调的冲突。目前我国的厂商矛盾冲突如此突出，与我国加入WTO后零售业的过度开放有关。大量的国际零售集团涌入我国零售市场，他们也带来了所谓的"国际惯例"——进场费，而我国的很多产业本身竞争能力就不强，面对国际零售集团的种种进场规则显得无所适从。国外零售集团的入驻中国带来了大卖场建设的风潮，这背后隐藏着一定危机。很多大卖场的资金来源是银行贷款，这样单一的融资渠道带来了很大的风险。所以，国家应该对零售业进行监督和管理，例如，制定政策限制大卖场的进入。

国家制定的关于供应商和零售商的产业政策的导向应该是一方面对现代零售商任意使用渠道支配权进行约束，限制其买方垄断势力的膨胀，另一方面对供应商采取鼓励的政策，促进其竞争能力的增长。对于零售商的约束主要是通过各种管理法规的完善以及行业协会的监管来实现。

其二，完善管理法规。管理法规的目的是保持厂商关系健康发展，增加社会福利，与此同时还要兼顾效率和公平。在供应商与零售商发生矛盾冲突的时候，相应的法规应该起到协调和化解矛盾的作用。美国早在1936年就出现过我国正在发生的厂商矛盾冲突，全美的中小供应商们联合起来向联邦法院起诉大型零售商，这场斗争以《连锁商店价格限制法》的出台而告终，此限价法对进场费问题有了明确的限制。国家应该制定《反垄断法》《反托拉斯法》来限制零售商之间的联盟或者阻止零售商买方垄断势力的扩大。虽然现在还没有证据说明零售市场已经形成垄断格局，但是很多零售商的市场份额已经成为了它支配厂家的一个砝码，而我国目前仍然没有相应明确的《反垄断法》限制某些大型外资零售企业的市场份额的扩张。

行业协会也可以在维护良好的厂商关系方面发挥作用，例如，在健全市场信用体系方面做出努力，建立一套信用状况调查、评价体系，对失信行为进行评价，做好信用监管工作，这对于零售业的健康发展是非常重要的。行业协会可以加强供应商与零售商之间的合同管理，监督供应商在和零售商签订合同的时候尽可能详细地写明费用的项目和额度以及付款期限，在双方发生纠纷时可以依据合同寻求法律的解决途径。

其三，政策制定部门应该制定鼓励中小供应商进行联盟的政策，增强供应商的竞争能力。中小供应商的联盟可以提高行业集中度，从而增强他们与大型零售商的谈判力，抵制零售商对价格、付款期限、进场费用等方面施加的压力。2004年12月11日，根据WTO的规定，我国的零售业将全面地对外开放，国内的供应商们面临的将是势力更为强大的外资零售企业，国家不能再对外资零售企业做出诸如地域、数量方面的限制。因此，唯有通过扶持国内供应商的发展，培育其竞争能力才能抵御零售商的买方势力。鼓励中小供应商之间的联盟可以增强供应商的渠道谈判实力，避免我国成为那些实力强大的跨国零售集团纯粹的采购场所。

二、厂商关系问题的微观政策含义

厂商关系问题的研究也有其微观层面的含义。供应商与零售商要认清他们之间的关系不是非此即彼的零和博弈，而是非零和博弈关系，只有合作才能为双方以及消费者带来好处。厂商之间的关系不应该是一方支配另一方的单边主义，而应该是双边竞合的关系。他们应该在共同创造利益的前提下再谈利益分配，这还有一个大前提就是共同为消费者谋利益。尤其是国内的零售企业，要抵御外资零售企业的竞争，必须与供应商合作。为实现厂商竞合关系，双方都需要采取一些营销措施和战略措施。

第一，厂商合作的营销策略。厂商之间是合作共生的关系，他们应该共同制定能够增强竞争能力的营销组合策略。供应商提供的产品要能够吸引消费者，差异化是一条可行的途径。供应商提供差异化的产品不仅能够为自己创造竞争优势，也可以加强零售商的市场竞争能力，缓和供应商和零售商在产品价格上的相互倾轧。零售商也可以将搜集到的消费者需求信息传递给供应商，供应商据此提供消费者喜欢的产品。对于产品的价格，应该用长远的战略眼光来确定商品的价格，不能由供应商单独决定价格，也不能由零售商任意制定价格，而应该根据零售商搜集的消费者信息制定出消费者能够接受的价格。供应商与零售商还要根据实际情况做好广告促销，零售商的售点广告往往起到吸引消费者冲动性购物的作用，因此，供应商可以利用零售商的店堂广告来达到促销的目的，同时也能节约广告费用。

第二，厂商合作的竞争战略。总成本领先战略、标新立异战略以及目标集聚三种基本的战略，供应商与零售商合作参与市场竞争也可以运用这些竞争战略。厂商合作一个目的就是降低价值链的总成本，总成本领先战略还能够提高进入壁垒，保护供应商与零售商已有的市场份额。供应商与零售商应该合作找出成本驱动因素，再从每一个驱动因素着手分析能够降低成本的环节，从而实施总成本领先战略。供应商与零售商对销售时点系统、电子数据交换系统、电子订货系统进行投资，双方能够及时进行信息沟通，及时传递订货信息，再辅之以现代化的物流配送系统，降低渠道的运行成本以及整个价值链的成本，从而更好地参与国内市场的竞争以及国际竞争。

通过实施相应的营销措施和战略措施，一方面可以增强供应商的竞争能力，减缓来自于零售商的压力，另一方面也可以促使零售商采取合理的盈利模式，确保厂商关系健康发展，这两类措施的着眼点在于合作。从单方面看，供应商又不能完全依赖于现代零售商，应该注重培养自己的核心竞争力，因为零售商是绝对不会与毫无价值的供应商合作的。如果供应商有自己的核心专长，能够提供非常不一般的产品，这将会增加其抵制零售商买方势力的能力。海尔集团成功的一个奥妙就在于其售后服务体系，他牢牢掌握着售后服务这个环节，"真诚到永远"的广告词使得海尔抓住了消费者的心，其市场竞争能力不断增强。对于这样的供应商，零售商会采取合作的态度与其交易，不会滥用渠道权力。另外，供应商不要将某一个特定的零售商作为自己唯一的销售平台，应拓宽销售渠道，不同业态的不同零售企业不至于联合起来对付同一个供应商。零售商应该用长远的战略眼光来看待其与供应商的关系，将进场费作为主要的利润源泉的盈利模式不是长久之计，因为无利可图的供应商不堪零售商的盘剥，会以次充好，向消费者提供低质量的产品，这不仅会损害消费者的利益，也会损害零售商和供应商的信誉和利益。当社会福利存在无谓损失时，必然存在着帕累托改进。零售商不滥用其渠道权力会改善他自身、供应商和消费者的利益。

第五章　了解厂家的人与事

　　厂家的人员群体是由各个部门的各个具体职务组成的，而且，大部分的厂家部门都与经销商有着直接往来。本章不仅适合厂家的相关人员阅读和参考，还可以让经销商充分了解厂家的人员构成和工作内容。了解厂家，不仅仅要了解各部门的功能与作用，更要具体到一些重要职务的特征与特性。只有充分了解厂家的某个具体职务的人员，才可能实现有效的沟通，而有效的沟通是建立良好合作关系的前提。

　　此外，作为经销商，还需要熟悉并掌握厂家在其市场管理与运营过程中的一些关键要点和技巧。在特定的环境下，经销商需要能够为厂家相关人员提供一些职业和管理方面的建议，甚至在一定程度上成为厂家相关人员的顾问，这更能紧密经销商与厂家相关人员之间的关系。

第一节　厂家市场部经理的快速上手

　　市场部经理，一个金灿灿的名字，一个成就光荣与梦想的职务，一个最大化展现年轻人才华的职务，一个激情飞扬的职务。

　　如果说销售部经理给企业带来的是业绩与战果，那么市场部经理往往给企业带来的是希望和未来。作为决策层的高级管理层，往往离不开销售部经理的有力支撑，但会将新的希望寄托在市场部经理身上。

　　但是，任命一个销售部经理，老板往往要再三考虑，不会轻易拍板，而任命一个市场部经理则要快得多。这里面存在一个实与虚的问题，销售部经理手里抓的是实实在在的销售网络与经销商，而市场部经理的那些策划、概念等相对要虚一些，所以市场部经理的职务往往是上得快，但下得也快。对厂家而言，销售部经理当前产出利益与公司当前利益结合得比较紧密，所以不会轻易流动，而市场部经理的产出利益则比较难量化，且很多都是中远期利益，一时看不到，加之观念上的冲突（老板和市场部经理都属于企业里思维最活跃的两种人，思想活跃的人在一起最容易发生摩擦和碰撞了），所以经常在招聘广告上看到市场部经理的招聘启事也就不奇怪了。

风水轮流转，哪天这个风水很幸运地转到了你的头上，坐上了市场部经理的位子，你该如何快速上手呢?

首先，我们来看一个市场部经理的基本工作架构，如图5-1所示。接下来，我们再详细论述。

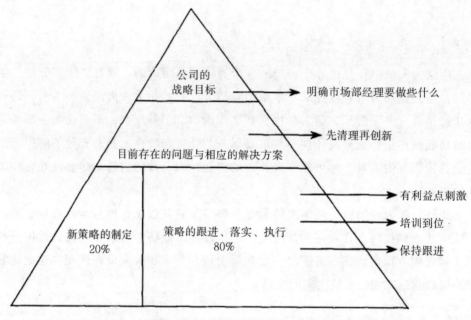

图 5-1　市场部经理的基本工作架构

一、正确认识行业定义与企业内部定义

在营销界，市场部经理的普遍定义包含十五大功能：（1）制订年度营销目标计划；（2）建立和完善营销信息收集、处理、交流及保密系统；（3）对消费者购买心理和行为进行调查；（4）对竞争品牌产品的性能、价格、促销手段等情况进行收集、整理和分析；（5）对竞争品牌广告策略、竞争手段进行分析；（6）做出销售预测，对未来市场做出分析和规划；（7）制定产品企划策略；（8）制定产品价格；（9）新产品上市规划；（10）制定通路计划及各个阶段实施目标；（11）策划及组织产品的促销活动；（12）对广告媒体和代理进行合理的挑选及管理；（13）制定及实施市场广告推广活动和公关活动；（14）实施品牌规划和品牌的形象建设；（15）负责产销的协调工作。

以上所述是行业对市场部经理该干些什么的基本定义，但是，千万要记住，这只是行业定义，老板不一定认可这个定义，毕竟不是所有的老板都是市场营销本科出身的。许多老板只是看宏观战略，甚至只是看整体销售情况，看工厂的产能。他所关心的是最大化产能是多少，销售出去就能赚多少等方向性问题。作为下属，你的工作就是如何把这些产能消化掉，并且变成利润。也有很多老板认为，市场部经理的工作往往就是配合销售部经理更有效率地提高销量，所以公司的目标就是你的工作目标，就是你的职位目标，也许老板想要的这个市场部经理是专门做市场研究分析的，也有可能是定位在促销设计上的，或者仅仅是来牵制销售部经理的。作为新上任的市场部经理，你该做些什么不一定要按照行业的标尺和定义，而是要按照公司决策层与老板的定义与要求，你的工作就是为了这个定义和要求去建设那些网络和品牌，再去找点什么差异化卖点之类，这个千万不要理解颠倒了。毕竟，在中国真正以市场为导向的企业还非常少，而以销售为导向的还是占了大多数。

二、市场部经理的工作步骤

市场部经理的工作步骤：清理/创造环境→分析现状→清理现状→新策略设计→从点到面，逐步推广。

（一）清理/创造环境

第一步往哪里动？直接动产品动广告吗？不，应该是先给自己创造一个良好的工作环境，你的很多工作需要上上下下各部门的同事来协助你，这些部门都是缺一不可的。市场部经理今后所有的计划与设想要付诸实施，都离不开公司内部方方面面的部门与相关人员。"工欲善其事，必先利其器"，树立良好的个人形象，做一个受欢迎的人，才能使你以后的许多设想在大家的帮助下变成现实。你可以以市场部经理的职务便利，利用公司资源来建立你的良好人际关系。

（二）分析现状

个人的工作环境处理好之后，下一步就是进行市场环境的调查了，只有先调查清楚目前所处的环境与现状，了解其根源所在，做出相应的清理与整顿，才能为市场部经理的未来真正动作铺平道路。

在绝大多数公司，老板的要求和现实总有一定的差距，这中间的差距出现的原因是什么，一定要查出来分析清楚。有一点可以明确的是，一般来说，种种问题与现象，内部因素要占大头，外部市场因素及竞争品因素占小头，而内部因素又大多出在执行力上，执行力的问题就是人本身的问题，人本身的问题又往往出在利益点上，这里所指的利益点，可不仅仅是工资与奖金，而是情绪、技能、发展空间，这些都是利益点。

毛主席说得好，"没有调查，没有发言权"。解铃还需系铃人，光从现象来判断是无法了解事情真正的原因的，必须深入到基层员工中去，与他们打成一片，融合成一片，从中来了解问题的根源，与员工共同分析问题，鼓励员工提出解决建议。市场一线员工最讨厌总部领导下基层摆架子，你那样的话就别指望能听取到什么有用的信息。而认真倾听员工的意见与建议，本身也是对员工的一种鼓励与信任，也更加能确保以后市场部出台的新方案被员工有效地接受与执行。

（三）清理现状

了解到目前存在问题的根源后，下一步就要进行已有问题的解决，不管是要通过疏导来解决的，还是要通过调动资源投放的方式来解决的，总体而言，解决问题倒不是很复杂，关键是怎么说动老板。这里有一个小技巧，在提交给老板整套的问题分析研究情况及相应解决方案中，必须突出现有问题发展下去后对公司战略的损害，同时着重让公司决策者看到解决之后的收益，争取老板的认可与投入。

（四）新策略设计

清理好现有问题之后，下一步就要开始制定新的策略方案了，也就是要体现市场部经理的真正价值，展现出市场部经理的创新思路。新策略的制定一般要考虑如下几个因素：（1）老板及公司的未来发展目标；（2）公司目前的资源与现状；（3）前期发生问题的前车之鉴；（4）该计划所计划达成的效果；（5）各层面人员及相关部门的关联利益点；（6）考评稽查机制。

具体的策略制定切忌坐在办公室里干想，而是要发动群体共同参与。一方面，个人的思维能力毕竟是有限的，考虑问题很难说能兼顾到方方面面，发动群众来集思广益，将方案的可执行性尽可能放到最大化，取之于民用之于民嘛；另一方面，让员工参与市场部的一些工作，让员工的思想融入市场部的工作中来，是真正意义上的尊重员工。这有利于提高员工对后期成形方案的认同度和执行力。

（五）从点到面，逐步推广

新的方案完稿之后，切忌直接颁布实施，最好是进行小区域试行，确认有效并获得公司管理层的认可后再行推广。虽然时间上会拖延一些，但能确保效果。另一方面，老板所能给予的计划资源永远是有限的，永远是僧多粥少，在没有看到兔子之前，是不会撒更多老鹰出来的，如果将已有资源进行平均分配，就是撒胡椒面，东南西北都各撒一点，可是到头来一事无成，落得个四处抱怨，与其这样，不如将有效的资源与精力集中投放在一两个市场，将有限的资源进行重点投入或者是轮流的重点投入，撒胡椒面的做法切不可取。

其实，制定策略并不会很复杂，而大的方面在后面的具体落实执行上，一般来说是个二八开的比例（策略制定20%，具体落实执行80%），任何方案策略都需要具体的人去执行，往往是越到基层对执行力的要求就越高，我们考评一个团队的价值的时候最主要的就是来看这个团队的执行力。

具体落实执行就需要执行力的保证，这个保证从哪里来？关键点在这三方面：（1）利益点设定；（2）培训到位；（3）跟进工作到位。

在新策略的实施过程中，相关的利益点设定相当重要，新产品投放或是新的营销策略的执行，都需要基层员工付出很多的努力和汗水，这就要有额外的绩效考核制度来配套，缺少这个利益点的刺激，基层业务人员对新策略新产品的积极性难免就会小很多，甚至将其视为负担，这也是许多企业新产品推广失利的主要原因。

一种新营销策略的启用或者是新产品的投放，员工必须有效地领会企业意图和理解产品概念，这样才能有效地转化在具体行动上。新概念或是新产品首先要卖给自己的同事，然后才能一级级卖给经销商，卖给卖场，最终卖给消费者。加之中国地广人多，各地风土人情各异，市场也是各有特色，各地的市场状况会迫使当地业务人员对策略进行不同程度的变动，如不进行持续的培训修正，很有可能就会出现方向性偏差，所以市场部还有个很重要的工作就是培训——持续的培训，不间断的培训，以确保概念理念传输到位，理解到位。

持续的后期跟进，在具体的操作过程中，各分支机构难免会出现些进度延误和精力松懈的情况，这可不是发一两遍通知就能解决的，而是要保持定期的市场察访与跟进，要盯得紧，避免出现松懈情况。千万不要以职务压人，没人吃这一套的。

三、发挥市场部经理的其他资源和优势

作为一个优秀的市场部经理，你的所作所为要在一定程度上具备超越性，突破公司管理层对市场的局限性认识，主动发挥市场部经理所拥有的资源和优势，超越老板的思维，做些让老板惊喜的事情出来。

（一）学会共享下属的优秀经验

发挥总部的平台作用，定期收集区域或个人的优秀工作经验，稍作修改润色后在公司内实现共享，以期能够共同提高大家的工作效率。这一方面是对优秀区域或个人的工作肯定，另一方面也会促进其他员工的进步和创新。如果只是市场部经理的经验，大家会认为很正常，因为你是市场部经理嘛，能想出这些优秀的措施或是方案是很正常的。如果是一般员工想出来的，其他员工就会有压力了，

老板也会非常认同这种内部自增压力、调动群体积极性的做法，从而引申到对市场部经理管理能力的认可。

（二）动态的图形化进度表达系统

除了语言外，图形是最有效的表达方式了，市场总容量及发展趋势、全国各地的分布情况、本公司产品的市场占比等市场背景资料的表达方式最好使用大幅的图形来表达，而且，分区分月的销售量化任务、实际完成进度、市场占有率的变化情况这些动态变化的数据需按时间发展阶段逐步表达出来。这样，不管是老板还是普通业务人员，都能很清楚地知道公司的目标与进度状况。这要比一堆密密麻麻的文字分析说明更清晰有效，从中也很容易地体现出由于市场部的规划和努力，使得产品发展势头与以前有哪些不同和进步。

（三）学会开现场会

奖励先进也好，惩罚后进也好，开现场会的效果远比要在会议室开会好得多，形式上直观，对各位业务执行层面的员工也具有更强的震撼力。特别是后进区域的连续性会议，能有效地避免后进区域普通会议上阳奉阴违的情况。

（四）人才的培养

优秀的人才是企业发展过程中必不可少的，内部培养的成效要远大于外部招聘，谁来培养？很多企业的人力资源部仅仅只是人事部，极少有做到内部培训功能的，而市场部工作牵涉面是最广的，也具备丰厚的理论知识，完全可以把这块工作接过来。在老板眼中，能培养出师傅的师傅是最值钱的。

四、市场部经理工作的根本

作为市场部经理，有许许多多需要注意和留意的地方，但有个核心点是必须牢记的，就是发挥群众（员工）的力量，因为你一个人的力量毕竟是有限的，思维也有一定的局限性，而广大人民群众的力量和思想则如滔滔江水，连绵不绝，就看你会不会调用了。一个优秀的市场部经理往往是优秀的管理者，他会充分调动市场部经理这个职位的资源和优势，设定许多利益点（精神利益和物质利益），调动起员工的聪明才智，然后再进行一个专业化的有效整合，呈现给老板和员工。这种基于现实和现状的策划案往往受到上下方的欢迎、认可和接受，成为最受大家认可的市场部经理。

第二节　厂家分支机构主管的快速上手

各企业在全国各地设立的分支机构，已经成为人们生活中常见的现象。每个分支机构都有一位主管。无论职位权限大小，这个分支机构主管的位子都不是那么容易坐的。表面上看起来是独管一方天地，远离总部的束缚，但是，有过亲身经历的同行们大概也清楚，这个分支机构的主管有时候也是很难做的，为什么难做？因为分支机构主管需要扮演多重角色：既要做市场，又要做内部管理，同时还是总部的下属部门。而在总部看来，所在市场出现所有的问题都应该由这个分支机构主管承担，市场做不好是他的责任，客户管不好是他的责任，内部员工管不好也是他的责任。况且分支机构主管多为企业总部所派遣，很少用本地人作为分支机构主管，这些分支机构主管们背井离乡，别妻离子，对所上任的市场往往是人生地不熟，自身的环境和市场适应都是问题，还要承担起各种职责。加上企业总部出于安全考虑，还有意识地进行分支机构主管的周期性轮调，这使分支机构主管的更换频率相对较高，往往是刚花费了一年多的精力把当地市场理出些头绪了就被调走了。此外，分支机构主管在正常就职期间，还得面对来自总部的销售任务压力，面对来自当地市场的错综复杂的局面，面对难缠的经销商和终端，面对有时候与自己阳奉阴违或者直接就是不买账的下属……总而言之，作为各大企业派驻到外地的分支机构主管，压力也是相当大的。

面对这么多问题和压力，单凭分支机构主管一人单枪匹马很难面面俱到。许多分支机构主管往往从上任伊始就开始每天忙得昏天黑地，其实只要找准一个关键点就可以省很多力气，并且极大地提升工作效率，降低管理难度。这个关键点就是团结分支机构的各位同事，大家协同作战，这也是管理分支机构的基本原则，这个道理大家也都懂。而许多分支机构主管在一上任就违背了这个基本原则和关键点，把自己整成下属的对立面，僵化了内部关系，从而使许多工作陷入困境。为什么这些新上任的分支机构主管会犯这个错误呢？因为他们总认为市场工作第一重要，总部领导的交代第一重要，分支机构里的下属是为了配合自己完成任务的，于是在整体上就试图突出以自己为主导，实现个人英雄主义，而非团结合作，形成整体战斗力。而许多总部领导为了给即将派驻出去的分支机构主管打气，言辞之间可能过于偏激，如"这些员工你有哪个看得不顺眼的就开掉，我绝对支持你"等话语，进一步助长了分支机构主管的个人主义思想。同时，总部领导也会通过财务系统、客户或老员工对新任主管进行监控。

那么，新任分支机构主管如何快速上手？或者说，在新上任期间，应该做哪些工作？

一、确立正确的分支机构主管思想

从某种意义上来说，自己前来负责这个分支机构，虽然说是为了公司的业务或发展，实际上这也是公司所给予的一块相对自由且具备一定发挥空间的小天地，可以将其视为在本市场为自己的未来发展建立一个根据地。从这个角度来看问题，许多工作的出发点就会差别很多，这个根据地可能是自己未来个人事业发展的根据地，也可能是自己职业生涯中创造辉煌的一笔。总而言之，不要简单地把到分支机构的任职看成是公司所交办的一个任务，而要看作自己职业乃至事业发展的新机遇、新市场、新天地、新空间。

二、妥善处理人的问题

所有的麻烦都是人为的麻烦，所有的问题都是人的问题，如何看待手下这群兵，也决定了你的管理方式和管理成效。看作是伙伴，还是当成一群属于你管理的员工，带来的结果是大不一样的。许多分支机构主管喜欢装酷装威严，说老实话，这招是没有用的，也是不可能借此来树立你的权威地位的，只会使同事更加远离你。

其实，几乎所有分支机构的员工在面临换新领导时，都已做过最坏的考虑，考虑过万一与这个新来的主管搞不好怎么办，考虑过如何应对，考虑过换工作。员工在分支机构工作与在公司总部工作不一样，在公司总部有若干个领导可以依靠，在分支机构要依靠只有分支机构主管一个人，往往是一换主管就失去全部的靠山，所以，一旦新换主管，这个问题大家肯定会考虑到。而对新任分支机构主管来说，稳定大家的军心是必要的和首要的，在开始的见面会上就要强调在一定时间段内不加人不减人，给大家传达善意的、容易相处的信息。

这里尤其要注意的是别玩下马威，没人是傻瓜，这招已经被太多的人玩烂了，并且大家也都知道玩这招的人大多是没多少能力的，虚张声势，外强中干嘛，再者说了，现在也很少有员工依靠这份工作活命的，大不了不做又怎么样。许多分支机构往往就是刚到任的时候自作聪明地玩了个下马威，从而给自己留下了祸根，站到了广大人民群众的对立面，一开始就形成了负面影响和负面人物形象定位，而且这个下马威的负面影响是没法消除的，往往要伴随着这个自作聪明的分支机构主管的整个任职期——自己种的苦瓜自己慢慢吃吧。

三、解决内部管理问题

市场问题永远解决不完，一到任就忙着解决市场问题也是徒劳无益，再者说了，一来就上手解决市场问题，所获得的支持和帮助也很少，更多的是靠亲力亲为，万一第一仗打不好，开门放了个哑炮，员工自然是等着看笑话。

攘外必先安内，做好市场工作的前提是整理好内部，解决内部现存问题，这个现存问题主要分为内部人员管理问题和内部业务管理问题。

分支机构的人员分为对外销售人员和内部后勤人员（如文员、司机、财务等）。首要稳定的不是销售人员，而是这些后勤人员，后勤人员往往是内部矛盾的制造者和问题放大者，作为分支机构主管，应主动为这些后勤人员做好服务工作，然后要求他们为销售人员做好服务，这样的次序大家都比较能接受。用逐个带动的办法，实现主管带动后勤工作，后勤工作带动销售工作，而不是主管来具体一个个地面对所有的内部员工。

内部业务管理最简单的着手点就是分支机构内务的整理，优美整洁的工作环境人人都喜欢，也是使员工心情舒畅的有效方式。然后，从环境的整洁优化过渡到内部文件档案资料的整洁优美，清晰明了的文件档案管理系统将有效地增加员工的工作便利性。这些措施只是集中在办公室内部的，在获得效果之后，应把这个类似措施继续向外部延伸，在一些小细节方面采取人性化措施，例如，在分支机构的职务范围之内，报销员工的出租车票，天气恶劣时延迟上班时间，员工确实需要时可私人借用分支机构车辆，报销月度聚餐费用等。这些人性化的措施，最好由分支机构主管自己提出来，若是由员工提出来往往有可能给员工感觉是自己争取来的，而不是主管给予的，但也要考虑到可收可放。

面对公司管理章程中一些不尽合理的地方，尽可能地向公司提建议，不管公司总部能不能接受和调整，至少要做出姿态要员工觉得这个新来的主管做事还是比较人性化的。

四、处理好与前任主管的关系

正确处理好与前任主管的关系问题，这个前任主管有的上调，有的平调，有的另谋发展，也有的是被公司开掉的，无论这个前任主管是主动还是被动离开市场的，都还会以种种方式与这个所在机构及市场保持一定的接触联系，换而言之，还是多多少少存在一定的影响作用的，从消除不安全因素和获取更多信息的角度来考虑，应设法主动联系前任主管，若是前任主管还在本公司内就更要主动联系了，要向其请教，提前消除一些不安全因素，或者获得一些只有前任主管才明白的问题根源。

五、解决遗留的市场问题

几乎每一个新上任的分支机构主管都要面对前任所遗留下来的各类市场遗留问题，如何处理这些市场遗留问题也是最直接检验新任主管能力水平的方法。许多新任分支机构主管在这个问题犯了个错误，他们自己冲出来，亲自动手解决市场遗留问题，总试图通过打个漂亮仗来显示自己的专业水平，来个开门红，其实这样做风险很大，毕竟是初来乍到，各情况信息了解得不够，配套的资源等方面也不见得能有效到位，成功的概率相对较低，万一做砸了，以后如何叫员工看得起。即便是做成了，员工心里也觉得很正常，你是领导嘛，自然本领要强些，那么以后这些疑难杂症自然也要寻求你出马处理了，反正只有你搞得定。

永远要记住一点，当主管不是亲自来做具体工作的，而是教员工如何来做具体工作的，让员工去解决许多具体的问题，去执行许多具体的安排计划。作为主管，应该是解决问题的后方支援——从技术上和资源上给予支援，在创造内部环境上给予支援，在创造员工积极工作心态上给予支援，但不可动辄亲自冲上去解决问题。

再者，要引导员工如何正确地面对问题，这个引导工作可以从问题的分类、分解、借力解决点等几个方面入手，刚开始就要培养员工正确对待问题的意识，形成一套较为清晰的问题解决处理流程与模式，免得在后期一遇到麻烦点的问题就开始想办法往主管那里推，强调员工"你能做什么，你还能做什么"，而不是简单的"你要去做什么"。

分支机构的具体管理工作还有很多，但在新任主管的上任初期，不可能面面俱到，牵涉到所有的问题，而是着重抓好上述的几个重点，确立自己在员工们心里的形象地位，先稳定住大家，逐渐和大家融合在一起，形成合力，再来面对许多具体的问题和管理工作。

第三节　厂家销售部经理的快速上手

企业市场活动的最基本体现形式就是销售，目前国内企业至少有半数是以销售为主导的，尤其是快速消费品行业。采用先进的市场导向型管理发展模式的还是外企为多，国内企业则很少。所以在中国，销售部经理还是比市场部经理值钱。那么，对于一些刚获得销售部经理职务的幸运者来说，如何在短时间内迅速上手，从而为坐稳这个位置打下一个良好的基础，就显得非常重要了。在这里，笔者以快速消费品行业为例，分析企业销售部经理在上任初级阶段所面临的状况，总结出销售部经理快速上手的几个关键点所在，以供大家参考。

一、行业定义与实际运用中的区别

销售部经理的核心存在意义和目的就是把产品销售出去，这个核心目的的实现，需要很多环节与作用点来做支撑，目前，行业里对销售部经理比较通用的职务定义由以下内容组成：（1）建立全面的销售战略；（2）制定并组织实施销售方案；（3）引导和控制市场销售工作的方向和进度；（4）组织部门开发多种销售手段，完成销售目标；（5）负责建立、培养和管理销售队伍；（6）制定销售费用预算，监督控制销售费用的使用。

一般来讲，销售部经理需要具备的能力技术要求如下：（1）5年以上销售管理工作经验，3年以上中层管理岗位工作经验；（2）熟悉现代营销理论；（3）具有独立组织销售工作的能力；（4）具有敏锐的观察力和较强的谈判能力；（5）具有较强的领导管理能力；（6）熟悉现代企业管理制度，具有较强的计划、组织、领导、控制、协调能力；（7）具有较强的人际交往能力；（8）曾接受过市场营销、管理学、销售技巧、谈判技巧、合同法、经济法、产品知识等方面的培训。

还有个较为通用的状况是销售技能与管理技能之间的关系，就是销售员工的级别越高，对销售技能的要求就越低，而对管理技能的要求就越高；反之，级别越低，对销售技能的要求越高，对管理技能的要求就越低。

以上所述都是行业里的通用定义，也就是写在纸上的定义，与实际运用中的定义还是有一定区别的。

首先有一点要说明，销售部经理有别于销售经理，销售经理主要是面对客户进行产品的销售工作，而销售部经理则主要面对本企业内的销售部员工和一些重要客户，进行销售的指导与促进工作。行业定义说销售部经理应该包括全面的销售规划，或者是协助老板制定全面的销售规划，而实际上，这个全面销售规划的事一般都是老板抢着做了，轮不到销售部经理（除非是家族制企业），老板也不会让销售部经理参加到全面发展战略中来的。严格来说，销售部经理不是个战略的制定者，只是在已经确定的战略下面，进行些具体的战术设计和执行监控而已，这才是当今绝大多数企业老板对销售部经理的职务功能定义。新任的销售部经理千万不要拿行业普遍定义来理解你的工作，更多的是要把自己定位成为一个大执行者。

在严格意义上的职能分工里，面对客户是销售部员工的事情，但是，在国内的企业里，不要说销售部经理要面对客户，连老板有时都要面对客户。所以，在许多企业里，销售部经理就如同大客户经理，处理这些大客户所发生的各类非正常事件，往往占据了许多销售部经理过半的时间和精力。新上任者一定要为这些客户事件的处理预留出足够多的时间和精力，许多新任者就是轻视了这么一点，结果在工作开展后，发现时间安排不妥当，高度紧张，直接影响了工作统筹安排和效率。

而在实际的销售部经理人员选取上，也不尽然是招聘条件所说的那些条条框框，企业老板选用销售部经理多是看重了候选人身上的经验部分，例如，行业影响力、熟悉的客户网络、部门及市场的开发管理经验，核心点就是要熟手，并且是尽可能地带过来更多的已有资源。在进入企业初期，新任销售部经理应着重给老板展现这个信息：我有多少成熟的经验，带来了多少现成的资源。

二、如何了解和理解老板

作为打工者，任何时候都要搞清楚一个问题：老板要什么，而不是你有什么。也就是说，你要明白老板和企业的发展战略，尤其是老板个人的发展目标，这点很重要。当然了，老板的目标不是随便说出来的，但可以通过老板办公室里的陈列摆设看出来，注意以下物品：中国地图或是世界地图（地盘扩张的目标）、陈列在玻璃柜里的一个陈旧物品（这类老板多是受过苦和打击，打算今后做到超级富豪）、一张老板自己画的或者是做的一个比较奇形怪状的图画和物品（这个一般是只有老板自己才能看得懂的发展步骤图和结构图，这类老板多比较擅长借力，且对牵制与平衡有一定心得，多采取保守型的发展思路）、积蓄类或是累加类的小物品（这类老板很看重可持续发展力），等等。这些看起来很普通或是奇形怪状的东西往往隐藏了老板的野心或者是目标所在，而不是那些帆船、方向舵这类寓意大富大贵的装饰品。老板的野心和目标最终将会分解成各项要求指标体现出来，例如，为了上市；增加利润；抢占市场，进一步扩大地盘；打击竞争对手；与政府的配套工程，或是换取个人政治收益；消化工厂产能。

以上这些点也就是销售任务的计算依据所在，基本上来说，最后落到销售部经理肩膀上的任务是由这条线逐步推算出来的，即老板的野心→企业的发展目标（经营利润）→为确保企业发展目标（经营利润）所采取的各项要求指标→具体销售量。

在明白这几点基本问题后，销售部经理就不难分析出来构成销售任务的决定因素是什么了，从而有的放矢地去理解老板在经营战略上的用心良苦了。理解你的老板，明白老板所指向的目标所在，是做好工作的重要前提。

三、如何面对其他职能部门和下属

除了老板，销售部经理同时要面对的还有其他职能部门和自己的下属，其他职能部门需要有效合作，下属需要有效管理，面对他们，在上任初期又该采取何种策略以确保合作与管理的有效性呢？不管采取哪种方式与这些部门合作或是管理下属，基本前提是要把自己推销出去，这是作为销售人员的基本要求。那么如何把自己推销出去呢？首先让我们看看销售的基本三部曲：建立关系、发现需求、进行销售。

建立关系已经不是大问题了，毕竟是一个企业内部的同事，认识就算是建立初步关系了，但这个初步的关系基本也没什么用，仅仅只是停留在互相认识的范畴内，起不到什么促进性的作用。只有提升关系的质量，进行深化和优化，才能产出效果。至于加深关系和优化关系，则需要通过发现对方的需求所在，通过销售自己来满足对方的需求，从而使得对方获得某种形式上的利益，方才实现了，接下来才能谈及有效合作或是有效管理。那么，其他职能部门和下属员工的需求分别在哪里？作为销售部经理又能从哪些方面来满足这些需求呢？

（一）如何满足其他职能部门的需求

当然最需求的就是银子了，销售部一不能慷企业之慨，拿企业的钱去送人，二也不能自己掏腰包去安抚人心，只能绕开物质利益，在精神利益上想办法。

人是感情动物，物质可以产生行为驱动力，感情也可以产生行为驱动力，那么，这个感情又具体是哪些东西呢？在现实的人际交往中，被尊重、价值被承认、获得良好的交往氛围，都可以产生感情驱动力，更重要的是，这些都是不花钱的。那么具体可以采取哪些行为来产生这些感情驱动力呢？

针对其他职能部门，销售部经理所要做的更多的是摆出一个合适的姿态。因为每个部门都认为自己是最重要的，是整个企业系统中最重要的一环，同时，它们往往会认为销售部的员工是最没有技术水准、文化水平普遍偏低、江湖习气重、个人修养方面普遍偏低，且还有可能存在中饱私囊的情况，更严重的是，为了获得个人的销售奖金，经常会干出许多违反公司的财务制度和人事管理制度的事情来。针对这个较为普遍的印象，新任销售部经理首先要做的就是将自己的形象拔高，然后在姿态上要求本部门员工在个人素质上得以提升，不管自己的下属后来到底提升了多少个人素质，至少在销售部经理上任的初期，这个举措很容易博得其他部门员工的好感，起码感觉到销售部认识到了自己的不足之处，正在改进中。

在具体定位与其他部门的关系时，千万不要因为企业当前是以销售为主导，而过高地看重自己的地位。英雄不是个体户，成功缺不了各相关部门的协同配合，只有这样，才能取得优秀的销售业绩。在与每个部门往来时，都不要忘记强调对方的重要性，以及对销售部工作的重要支持。例如，市场部是销售部执行力方向的主导，财务部是销售进行安全交易的保障，人力资源部为销售部提供了最宝贵的资源——人，生产部门则是销售工作的基本保障，等等，诸如此类，在充分尊重对方的同时，也获得了对方对自己的尊重。

并且，在一些职务范畴的许可内，对一些机会和资源的内部运用，也能起到加强与其他部门关系的作用，例如，特价产品的销售、员工的招聘名额、有奖销售方案的征集等等。

整体上而言，把销售部塑造成为一个可亲、礼貌、灵活的部门形象，从而缓解其他部门对销售部的不好印象，消除隔阂，提升部门及员工形象，为增强合作打下基础。

（二）如何管理自己所管辖的员工

对员工的管理可分为三个级别：初级水平"我要你们去做什么"，中级水平"我能帮你们做什么"，高级水平"我能发现你还能做什么"。

作为销售部经理，你无须亲自出马来做销售，而是要想方设法推动大家来做销售，从方向上给予指导，从技术上给予辅导，从精神上给予鼓励。对下属员工的管理核心点就是两句话：让员工明白怎么做，让员工心甘情愿地去做。只有解决了这两个根本问题，才能保证执行力的有效实施到位。

员工的具体利益形式比较复杂，是属于复合性的，这里面既包括了获得尊重的利益、获得本职工作收益的利益、提升职业技能的利益，同时也包括了拥有更大发展空间、体现出更大价值的利益。一般来说，新任销售部经理上任的初期，只能给予员工被尊重的利益。

四、切勿直接改动现有的销售模式

许多新任的销售部经理把着眼点放在对现有销售管理与运行体系的分析研究上，往往把研究分析出来的问题点作为当前改革的方向和目标，以期能通过对现有不合理销售模式的改进获得较佳的工作成效。其实，在初期做这个动手术的工作完全是错误的，原因如下：第一，老板对待新任部门经理还是有所保留的，不大可能接受新任经理一上任就这样进行巨变式的改革；第二，直接调整现有的销售模式，其实也就从某种意义上否定了企业老板和销售部员工以往的工作成绩，乃至相关的一些付出；第三，新任经理刚到位，所获得的信息量毕竟有限，判断事物的依据往往过于单一化，而且，所能获得的配套支持资源也比较有限，往往是高喊出改革创新的口号，却苦于缺乏足够的支撑力量而不得不放弃，难免给其他人以好高骛远、虎头蛇尾的不良印象；第四，任何问题归根结底都是人的问题，而且任何问题的根源都在企业内部，错误不可能是一个人一个部门就能犯的，牵一发而动全身，追查起来大家都有份，无疑就把新任的销售部经理推到了群众的对立面，对今后的工作大大的不利。

在销售部经理上任的初期，建议只从现有销售模式的部分细节优化开始，从打通企业内部的衔接工作入手，采用渐变的手段，从一点一滴处让大家看到你的用心，看到部分细节优化后所产生的收益，诱使其他员工或是老板提出更大的改动方案。

以上所述，只是销售部经理上任初期所要考虑的工作重点，表面上看与销售的本职工作联系点并不是很多，但这却是保障今后工作顺利进行的前提和基础。其核心目的就是在老板心目中，在其他部门同事心目中，在本部门下属员工心目中，实现一个定位——大家能接受你，毕竟是先稳定才能后发展，也才能逐渐延伸到销售管理工作的本职上来。

第四节 市场部资源运用的几点思考

作为市场部经理，令其头疼的有两个问题：其一是下属的执行力不够，许多辛辛苦苦做出来的设计方案得不到有效的执行，反过来还会说市场部没用，只会花钱不干实事；其二是上层的压力，老板总是期望以最快的速度完成任务，但同时又不愿意给予足够的资源支持，导致市场部许多工作困于其中，巧妇难为无米之炊。

实际上，资源永远都是不够的。从未有哪家市场部经理说自己的年度广告费太多了花不完。相反，最常见的抱怨便是资金的匮乏，许多工作没法干。然而，这不是完不成工作的理由，而是没有用心的结果。设想一下，若有人前往新公司应聘市场部经理一职，把在前公司做不出好案例的责任归咎为老板的资源投入不足，那估计他就直接被打红叉了。在老板们看来，这是最不成理由的理由。要是老板有足够的资源，那还需要市场部经理做什么？毕竟谁不会花钱呢？老板们缺的是花小钱办大事的人。

一、正确认识和对待资源问题

首先我们来认清什么是资源，许多市场部经理都认为是广告费，是人力资源投入，但这些只是浅层次的资源认识。

更为广义的资源是什么？

是老板的关注度、部门间的配合度、内部员工的智慧、客户和消费者的智慧、及时的资讯信息。

当然，对市场部经理来说，最解渴的莫过于真金白银的直接费用划拨，太多的事情都需要钱，没钱简直就是寸步难行啊。但是，从老板、从管理者的角度来说，所有的资源投入能换算出投入产出比，投下去的都是成本，对资源费用的划拨使用是需要运筹帷幄的，不能简单地一给了事。还有一点，极少有老板是真正相信市场部经理的，因为这个职务变数太大。由此，老板是不会把钱放给到市场部经理去玩的，即便是给，后面也会跟着一堆能起到制约作用的牵制部门，财务了，审计了，等等。即便这个资源投入是比较安全的，资源划拨也不会一次性全部到位的，永远要留一手，一方面是为了安全，另一方面是尽量发挥市场的能力，看在尽量少花钱的基础上，能做出什么样来，这也就是几乎所有的老板都喜欢在有限的费用中实现超水平发挥的市场部经理的原因。

一家饮料公司老总在讨论市场费用与使用效率的关系时，坚定地认为投入的金额是一回事，怎么花又是一回事。市场部经理就像战场上的指挥员，军队对指挥员的培养是花大本钱的，也是指望在战场上作出突出贡献的，说白了就是来解决问题的，同样，企业里的市场部经理也是这个道理，要是有足够弹药的持续供应，或者说有巨额的广告费用进行投入，那何必要花这么大代价来聘请市场部经理呢？

当然，这个老总不仅是因为参加过战争才有这样的想法，企业的内部管理也好，外部的市场竞争也好，真枪实弹的战争案例也好，许多事是隔行不隔理的，所以，笔者认为市场部经理们要搞清楚一个问题，就是正确地认识和对待资源的问题，没有绝对充足的资源，没有资源或是缺少资源绝不是完不成工作的借口。当然，这里面还有个因素，不是没有，而是老板放不放的问题，放多少的问题，没资源他还能做老板吗？没钱老板早闪人了，老板的底气来自他手里握着的硬通货，要是一撒手都给了市场部经理，那老板才不是不老板呢。

二、如何从内部和外部解决资源问题

其实，很多时候不是没有资源，而是老板手里有钱市场部经理弄不出来，老板们经常有句话挂在嘴边："没钱的，你们自己想办法。"许多市场部经理只听前半句，哦，没钱啊，那没钱不做了，但这句话的关键在后半句，"自己想办法"，找你来做市场部经理就是让你来想办法的。这个想办法可分为以下两个方向。

第一，在老板身上想办法，把钱弄出来，或者逼着老板去搞钱。这又得分两个方面来进行，一是正面的，先想办法给点甜头让老板尝尝，将有限的资源精打细算，集中使用，让老板尝到甜头，看到希望，看到曙光，老板自己来算同步放大的账，诱惑老板进行投入；二是负面的，在前期仅有资源全部投入后，一份紧急报告上去，说水已经烧到八成热了，差一点就要开了，若是没有柴火进行跟进，就快要凉下来了，下次烧那得费更多的柴火，老板你来决定吧，等等类似方式，通过设定严重的危机与后果，来促使老板进行投入。总之一句话，正反两方面来迫使老板把钱掏出来。

第二，想办法从外部解决。我们前面已经说了，从某种意义上而言，资源是永远不够的，你也别指望老板能全力以赴地支持你，要是逼也逼不出来，老板整个"死猪不怕开水烫"，那就想想办法去借了，内部解决不了的就要想办法从外部来解决。当年抗日战争和解放战争时期，共产党的军队在人数及装备上都不如全套美式装备的国民党军队，但共产党的军队最大化地借用了人民的力量，打土豪分田地，让人民当家作主等密切群众关系的种种措施最大化地争取了人民群众的支持。淮海战役时，差不多每一名战士身后就有三名支前民工，承担着补给工作。那要是放在当今的市场上，怎么来借呢？或者说哪些东西是能借的呢？

比如说信息和资讯。现在信息和资讯对市场部来说越来越重要，市场数据、竞争对手情况、行业发展趋势等当然是多多益善，可要获得这些宝贵的信息数据最简单的办法就是找专业的市场调研公司去买，问题是由于价格不菲，许多老板舍不得掏钱，有时候这就成了市场部经理没法了解市场信息的借口。可是，难道这些信息只有通过专业的市调公司才能获得？其实，获取这些数据和资料有许多的渠道和方法，比如说通过合作的广告公司、政府统计部门、行业协会等机构组织都可以弄得到，且费用成本很低，有些信息的视角还很独特。战场上也是同样的道理，别指望总参情报部门会把所有的敌方情报都能搞清楚，更多的时候要自己想办法抓个俘虏回来问的。

比如说创新的设计资源。这也不一定非得去找广告设计公司，设计张海报就要几千块，策划个活动就是上万的费用。把公司内部的庞大员工发动起来当设计师或许更好，毕竟他们更了解公司和市场，虽然大多数给不了系统的东西出来，但闪光点总是有的，作为市场部完全有能力把这些闪光点集中起来，这样，不但所耗费的成本很低，还得获得内部员工的积极响应。

可现在很多市场部经理宁可相信对公司对行业一知半解的外部广告公司，也不愿意接受内部员工的建议和意见。原因很简单，想当英雄，想当孤胆英雄。实际上，没有真正意义上的孤胆英雄，人都是要互相依靠支持才能生存发展的。

发动内部员工的集体力量扩展开就是发挥社会群体的更大力量。毛主席都说了，要依靠群众，人民群众才是真正的英雄。而现在很多市场部经理，个人英雄主义实在是过多了一些。结果自己英雄没当成，还落得群众一片骂声。

另外，还可以考虑走联合促销这条路，寻找与自己企业产品有组合优势的企业，进行各个渠道的联合促销，这样不仅可以大大节约己方费用，还可以成倍地提升现场促销活动规模与气势，增加与终端的谈判筹码，增加活动频次。现在许多市场部经理也有这个想法，但一直打算等别人上门来谈，生怕自己上门丢面子，谈判上会处于劣势，大家你等我我等你，都在干耗着。这简直是没有必要的，积极主动地多联系相关企业，东家不成谈西家嘛，又不是非得只能和某一家进行合作。

三、合理使用资源

资源到手以后的运用又是关键，要会用。这点很多市场部经理觉得过于小儿科了，花钱还不会吗？当然，各个行业的资源使用特性都是有区别的，但有一点，要特别注意的，就是资源的集中使用与分散使用的控制问题。简单一点地说，就是别撒胡椒面，好不容易弄到手的资源，东给一点西给一点，全国市场这么大，吃钱的媒体这么多，经销商们向厂家要市场支持费用的本事与日俱增，再多的广告费稍微手一松，很快就如水银泻地，很快就无影无踪了。钱花了没成果，那就等着挨老板的板子吧。比较可靠的方式是集中使用，集中在某个渠道、某个区域、某个产品上，彻底地把这某一块做透，做大不如做强。再把这做强做透的这块市场包装出来，作为影响老板、影响公司内部员工、影响其他经销商、影响行业的事实案例。这里还得举一个高射炮打飞机的例子，我军援越那年，原则上不和美军正面交火，其主要任务之一就是打美军的飞机，当时没有火控雷达来引导高射炮的射击，完全靠炮手操作，且许多战士也是刚入伍的新兵，缺乏实战经验，敌人的机群一扑过来，就开始忙不迭地开火射击，且大多是靠射击手自己决定射速及射击目标，经常是几十门高射炮各打各的，射出去的子弹就像撒出去的一张网一样，可网眼太稀松了，捞不着鱼，弹药消耗很大，敌机却没打下来几架。后来改变策略，由指挥员来负责集中所有火力，每次瞄准单个目标进行集中射击，敌机群出现时，我军几十门火炮统一目标，每次只集中专打某一架敌机，密集的弹雨经常是把敌机打得一架接一架地往下掉。战果迅速得到体现，大大扭转了战场局面，打得美军飞机一旦发现进了我军的高射炮空域，不管轰炸目的达到没有，丢下炸弹掉转机头就闪。

老板们心里也很清楚，虽说产品覆盖全国，覆盖各个销售渠道（当然，这样说出去比较好听），但利润产生绝不一样，真正赚钱的也就在那几个点上，这个胡椒面一撒出去，真正撒到点上的又有多少？与其说要好看，还不如真正把那几个赚钱的点扶持好。许多市场部经理动辄要搞全国的宏观大战略，在老板看来简直就是站着说话不腰疼。钱毕竟不是市场部经理自己的，花起来哪有那么精细。

最后，笔者再次重申一下这个观点，资源永远是相对缺乏的，资源贵在借用。作为市场部经理，一定要清楚这点，别指望老板能给予多少，关键是自己如何去借到资源，如何利用有限的资源干出成绩出来。

第五节　市场部与销售部的矛盾

如果一位市场部经理不受基层销售部门员工的欢迎，会出现什么情形呢？有一点是肯定的，不会有多少好果子吃的，最简单的一点是这个市场部的价值很难体现出来。因为即便是市场部能做出来再好的活动方案，但总是要通过销售部员工来具体执行的，俗话说，三分策划，七分执行。要是市场部在销售人员的心目中形象很糟糕，那你也就别指望这个活动方案能得到多好的执行，更别提实际产出价值效果了。再者，销售部员工还会把市场活动出现的问题归结为市场部的方案设计存在先天性问题，在每年的企业内部各部门满意度调查时，市场部总是容易被销售部员工千夫所指，种种问题的矛盾都会对准市场部。

销售部员工为什么会对市场部存在种种不满和意见呢？正所谓世上没有无缘

无故的爱，也没有无缘无故的恨，那又是哪些原因导致了市场部与销售部门员工之间的种种矛盾呢？

一、市场部与销售部的矛盾原因

导致一个人讨厌或是喜欢另外一个人的原因有基本的两个方面，一是理解问题，二是利益问题。

（一）理解上的不对称

首先我们来看市场部与销售部员工存在哪些理解上的不对称呢？

许多市场部的经理及员工总习惯把自己定位为市场的策划者和指挥者，把基层销售员工当成是简单的执行人员（乃至是执行工具），认为他们头脑简单、目光短浅，似乎与自己不是一个层次的，也就很少进行主动的接触与沟通。而且，在许多细节问题上的考虑也有些欠妥，例如，市场活动方案坚持以市场部人员熟悉的形式来撰写，文字表达上决不肯通俗化，似乎不加些英文就不能表达出市场部的整体英文水平，不加些专有名词就不能显示出市场部的专业水平，这些活动方案经常是让下面的销售人员看得云里雾里。而市场部下去看市场的时候更多的是带着检查评判的姿态去的，发现市场活动未达到预期效果，死活也不肯分析方案本身的设计问题，总是把原因归结为销售员工的执行力问题上，也很少能听进去销售人员关于区域市场差异特性的解释。长此以往，市场部的人员总认定自己对市场的了解程度是足够的，所策划制定出来的市场方案是非常有效的，只是在许多时候因为下面的销售人员没有去认真地执行而导致效果大打折扣。

而基层销售员工，也总觉得这些市场部的人员很难接触。每天待在公司总部办公室里，听音乐，喝咖啡，还做出来乱七八糟的方案，看着费劲，执行起来更费劲，整个一闭门造车；出来检查市场也是指责多于鼓励，很多市场状况大概都是坐在大办公室里拍脑袋想出来的吧，知道市场是怎么回事吗？知道许多客户都是因为我销售人员的个人关系才维持稳定下来的吗？真以为你那个费劲的市场活动方案能提升客户忠诚度吗？

（二）利益上的不对称

销售部员工的直接上司是销售部经理，生杀大权都集中在他的手里，市场部又没权能改变销售部员工的工资待遇，自然是不搭理也罢，但有时候市场部员工为推卸活动方案实际效果不佳的责任，往往怪罪到销售部员工身上，直接会导致销售部员工的工资奖金受到损失。再加上市场部员工多在总部上班，与销售部经理及老板的距离近，沟通方便，而销售人员分散在全国各地，与老板的沟通机会就很少，而一些反映事实真相报告也到达不了老板那里，于是，等着吃亏背黑锅就是了。如此这般，在直接损伤销售人员个人切身利益的情况下，销售部员工对市场部岂有不恨之理？

这两个因素的出现，便导致文章开头说的那些后果。其实，三分策划，七分执行。没有这些基层销售员工认真地执行，任凭你市场部做出来再好的方案也没有用。而如果能建立与销售部员工的良好关系，执行力将得到大大的提升，而提高执行力也就是从整体上提升促销案的价值，也就是体现出市场部的价值了。而且，若是在方案的设计方面存在部分问题，关系良好的销售人员还能给你及时指出来的，以便及时修正，避免闭门造车带来的误区。

二、如何解决市场部与销售部的矛盾

那么，具体怎么才能与销售部员工搞好关系呢？前面已经说过，一是利益，二是理解，解决点就在这两个方面。

（一）从利益上解决

我们先从利益的角度来分析，员工最基本的利益形式就是工资奖金。许多市场部经理认为员工拿了工资自然就得好好干活，如果是这样的话，那这企业管理不也太简单了。利益是复合的且存在永不满足性的，工资再高都是永远不够的，再说了基层销售员工的工资还能高到哪里去？市场部经理又没有权利直接给销售部门员工涨工资，那么就得在其他新利益形式上想办法，哪些是新的利益形式呢？

利益有五种形式：物质金钱、异性、受到尊重、独有价值得到承认、工作技能得以提升。市场部完全可以从提升销售部门员工的工作技能上入手，根据市场部员工的专业特长，组织对销售人员进行各方面的专业培训，通过培训的方式提升他们的工作技能与知识面，这也是提高员工今后在公司内部及行业的竞争力和身价的一种利益形式。但是很多市场部经理对此也很困惑，说我们也安排过不少针对销售员工的培训，可员工们还是不领情啊。这些市场部经理忘了两个基本原则。

一是没有需求的培训不会受到员工的重视，二是这个培训所带来的利益需要一定时间才会体现出来。

我们先谈第一个问题，如何创造员工的培训需求？

曾问过做厨师的朋友一个问题："什么菜最好吃？"已经做了七年厨师的朋友说了一句："你饿的时候什么菜都好吃，反过来说，当你吃饱了的时候，我就是给你上龙肝凤脑你也不会觉得有多好吃。"古语也有说："饿时吃糠甜如蜜，饱时吃蜜反不甜。"笔者大悟，后来每次自己烧菜请人吃饭的时候，故意拖延时间，让客人饿得差不多的时候再上菜，结果叫好之声不绝于耳。其实笔者的烹饪技术很一般，有这样的效果，道理也很简单，都是饿的。

培训不也是同样的道理吗？当员工并不觉得自己真正需要培训的时候，你给员工安排这样那样的培训人家当然听不进去，那这个需要在哪里呢？

一个在民营企业做市场部经理的朋友，他兼做培训师，也曾遇到员工上培训课不集中不专心的问题。后来他想了一个办法，组织员工到一家高级人才的招聘会上去体验生活，这种设立在酒店的招聘会主要以招聘高薪高职的中高级员工为主，待遇很不错，要求也很不低。结果正如朋友所预想的一样，这些中高级职务对职业技能及知识积累的要求都比较高，而这些员工在以前的培训中也没怎么认真听讲，现在面对面试官的频频发问，只有搔后脑勺的份了，然后被人家客气地请出门。眼瞅着这么多好机会与自己擦肩而过，这些员工纷纷后悔在以前的培训中怎么就不好好学习，在工作中怎么就不好好运用实践一下呢？在这些员工碰了一鼻子灰回来之后，再安排一些相关的技能培训，员工的听讲情况明显好很多了。

市场部在组织对销售员工的培训之前，不妨也进行类似的事先策划，比如，通过策划员工参加公司内部竞聘及其他公司招聘试验的形式，让员工知道自己离职务升迁、工资上涨，以及今后在行业内找工作的竞争力等方面，还有多大的差距，让销售人员真切地感受到自己与利益提升之间的距离，而通过培训能给自己未来发展产生好的影响。这样就产生了需求，先创造需求，才能有效地进行相关的培训，如此一来，培训的消化接受度自然是大不一样。

第二个问题是这个培训所带来的利益多长时间才会体现出来？

销售部员工（尤其是基层销售人员）没有市场部经理那么远大的长远规划，销售人员一般的职业规划也就一年以内，超出一年以外的设想那也仅仅是个设想，极少数会很清晰地制定成一步步的发展计划和详细步骤的。虽说加强培训可以对今后有这些那些好处，但现在看不出来啊，若是在一年以后才能体现出来，那来接受培训的积极性就要打不少折扣了。

市场部在这点上可以与人力资源部门协商，组织对即将提升的销售人员进行培训，把培训变成一种提升的前兆，那这个培训的意义就大大不一样了，有幸被选中的受训员工在学习态度方面自是大大提升。

还有一点是，目前企业的培训更多的是敞开式培训，在进行培训时，为了尽可能做到最大化的受众面，老板往往会把所有人都赶来听课。其实，越是很容易得来的东西人们越不会珍惜，表面上看人来了满满一屋子，认真听讲的又有多少？人来得越多，认真听讲的比例反而越少，培训从某种意义上来说没有必要放开的，企业若是把培训当成一种提升的前兆，控制参加培训的人数，那么有幸被选中参加培训的员工反而会很珍惜这个来之不易的机会，能较为认真地学习。

（二）从理解与沟通上解决

还有一问题是如何增强与销售人员之间的理解与沟通。同样也建议从两个方面入手：一是方案的通俗化，二是活动设计时的全员参与性。

1.方案的通俗化

市场活动方案的文字通俗化不是复杂的问题，就看市场部人员有没有从销售人员的角度来考虑问题了。在撰写市场活动方案时，尽可能使文字通俗化，能不用英文就不用英文，能不用专业术语的就不用专业术语，能多以图形表达的就多用图形。对市场部所提交的市场活动方案有两个阅读理解上的要求：一是随便一个销售人员看完后五分钟内就能搞明白主要内容，二是随便找个不是市场部与销售部的员工来看也能看得懂。

2.让销售部员工参与方案的设计

市场活动的设计又不是国家机密，真正同行之间的创新性也没有多少差距，在常规的促销推广活动设计上，尽量脱离闭门造车，而是应与销售部员工多多接触与沟通，并吸取一些有思路的销售人员来参与活动设计，多角度看问题、思考问题才能把方案做得更完整有效。再者，参与活动方案的设计，这对销售人员的工作主动性及积极性也能起到很好的促进作用，在后期进行具体执行时，员工对于自己参与设计的方案在执行方面也要好很多。

简而言之，市场部经理应有意识地把市场部变成销售人员的增值部门，从销售部员工个人利益的角度来切入，帮助员工实现短期及中期的价值提升，价值提升紧接着就是利益提升。存在了一定的利益驱动，再配合在理解沟通方面的努力，在销售人员的心目中，市场部的地位和形象将大大提升，这对市场部功能作用的体现将起到非常大的提升与帮助作用。

第六节　建立有效的市场情报系统

从战场到商场，及时有效的情报系统的作用越来越重要，尤其是对于越来越激烈的商业竞争更是如此。知己知彼，方能百战百胜，很难想象在当今高度市场化的商业环境中，不依靠市场情报系统，企业的竞争力和生存能力如何得到保证。闭着眼睛打天下的时代早已经过去了，垄断企业独霸天下的黄金时代也早已一去不复返了，现在绝大多数行业都拥有一群群的参与者，而市场容量必定有限，渠道通路必定有限，消费者必定有限，高度开放的市场也不可能让各企业排排坐、分果果，既然不可能做到大家都有饭吃，那大家只有抢饭吃。在这个抢的过程中，企业不仅要保护好自己，还要不断地研究宏观环境和行业整体动态，同时不断地寻找竞争对手的弱点下手，这后两点就需要情报系统的有力支持。以前是大鱼吃小鱼，现在更多的则是快鱼吃慢鱼，对市场和竞争对手的了解和反应稍慢一拍，很有可能就被竞争对手用长矛挑出局，扔到垃圾堆里去。商业本是如此，怨天尤人又有何用？

一、情报系统的作用和现状

简单点说，情报系统的作用可以归纳为以下几个方面。

（1）及时了解竞争对手的主动攻击计划，迅速反应，做好相关的保护和规避动作。

（2）及时了解行业发展变化动向，并随之调整市场策略和战略部署。

（3）及时了解竞争对手在产品及市场策略的创新及调整动向，以便及时做出应对策略。

（4）及时了解政府部门及行业部门的最新动态，以及行业事故的影响情况，有效借用社会资源。

目前，许多大型企业都意识到了情报的作用，也建立了相关的情报收集、处理、使用系统。

首先是在情报的收集方面，主要有两种方式进行：购买专业市场调查公司的宏观数据（很少企业在做）；自行安排内部员工进行收集（大多数企业的方式），主要以各地的分支机构定期上报为主。

收集的信息又分为：竞争对手的新产品信息、竞争对手的新宣传推广方式信息（线下市场活动和线上媒体活动）、行业变化动态信息、行业事故信息。

情报的处理及使用工作绝大多数集中在企业总部，由相关部门将收集上来的情报信息报告进行一定的分析整理，然后主要供决策层参考使用。

但是，目前大多企业的情报系统的收集、处理、使用尚处于在一个很低级和低效的水平，往往是决策层看不到及时有效的情报信息，情报信息的收集提供者也享受不到相关的利益回报（工作方面和个人利益方面），所收集来的情报信息对企业在整体市场战略部署的规划和应对措施上所起到作用也很有限。导致出现这种状况的原因在哪里呢？

二、情报系统低效的原因

之所以出现这样低效的情报信息收集使用状况，原因是出在情报收集的架构、收集方式、收集人员、使用方式等设置的不合理上。

（一）架构上的设计失误

情报的收集处理系统是一个较为特殊化的系统，需要及时内部传递和反馈，在内部传递程序上更适合点对点的传送（就是由情报的发现者直接传递到情报需求者）。而许多企业在情报系统的收集传递处理程序上，还是个按部就班的设计管理思想，一般程序是：由分支机构的基层人员进行定期收集，然后汇总报告，再由总部相关人员进行分析整理，再汇报给决策层的领导，一级一级，按部就班，这样一来就脱离了情报信息在及时性方面的基本特性要求。

（二）情报信息收集方式不合理

绝大多数企业设立得较为简单，大多数都是只对竞争对手的一些表面动作（例如，所投放的广告、所开展的促销推广活动）进行观察和记录，很少进行深入性的了解（例如，具体的销量、费用使用情况等），更别说对竞争对手尚未进行公开的计划和措施（例如，打算推出的新产品、计划投放的市场活动等）进行侦查了。

（三）情报信息收集人员配置不合理

严格点来说，进行情报信息收集的相关人员，要么需要有一定的专业性技巧性，要么需要有一定的特殊渠道，并不是适合所有员工的。而现在许多企业却动员全员参与，结果是大家都在做，但没人做得专，加之绝少有企业会在情报收集这块对员工给予一些物质上的专项回报，员工从这些情报信息收集活动上得不到利益，导致绝大多数员工收集情报信息只是为了完成任务，应付交差，所收集来的信息资料水分大，甚至不乏自己捏造的。

（四）使用方式不合理

目前各大企业所收集来的情报不管有用没用，一般都只是给决策层的高级领导们看，很少会往下抄送分发，也就是说，一是收集这些情报信息的员工看不到其上交的这些情报的价值和使用情况在哪里，二是一些具体分管情报信息的当地收集工作的分支机构的主管也看不到，也就体会不到这些收集来的情报信息对工作有哪些作用点，以后对此类工作自然不会太热心。

以上这几点关于情报收集的弊端在许多企业都存在，长此以往，企业高层很难看到高质量、有价值的情报信息，员工对收集情报信息也没多少兴趣和主动性，而所收集来的情报信息真正所起到的作用也是非常有限的，于是形成恶性循环，令许多企业的情报信息收集系统如同鸡肋，食之无味，弃之可惜。

三、如何真正发挥情报系统的价值

（一）扩大情报收集渠道

首先，我们来区分情报信息的两种来源：一是直接来源，即从竞争对手的相关人员那里直接获得相关情报信息；二是间接来源，即从第三方那里获得情报信息来源（例如，仓库、广告公司、客户等）。

在获取竞争对手情报信息方面，具体的间接收集渠道有以下几个方面。

1.广告公司

每个竞争品牌都会在驻地有几家关系较好或是长期合作的广告公司，广告公司的业务人员很容易就能接近竞争品牌的分支机构管理人员以及一些内部文件。控制得当，这完全可以作为一个准确迅速的信息来源。

2.关系较好的二三级分销商

各厂家分支机构主管或是业务人员总会有一两个关系非常好、沟通密切的二三级分销商，这些关系特殊的二三级分销商对有关的市场动向也许知道得更早，业务人员对这些特殊客户在拜访时多加留心，也可获取一些竞品资料。

3.运输、仓储、装卸公司

竞争品牌在当地无论是直营还是交给经销商做，仓储、运输、装卸等物流环节都必不可少，而一般仓储运输公司不会在意对客户储运量数据的保密，有的甚至就挂在办公室里。或者，以看库的名义进入竞争品牌的储运仓库，只要看看货堆上的到发货记录卡，一切数据也可轻松得手。

4.文印店

各厂家的办事分支机构基本都会有定点的文印店。为节省时间，量较大的打印、复印工作，或是复杂一些的图形表格制作，都会拿到这些文印店来做，提前稍作安排，获取资料易如反掌。

5.卖场

相对于国企卖场而言，外资卖场对各类销售数据保密的意识极为强烈，从主管层那里很难弄到真实的销售数据，但仍可通过如下办法获取数据。

促销员通过促销员走内部路线，主动接触并拉近与卖场营业员、柜组长、财务、仓管等人员的关系，以闲聊、公司盘库、核对提成数等名义收集情况。

卖场仓库的保管人员一般在卖场里，这些保管人员的地位不是很高，但他们手里却掌握着最准确的实际进货量、库存数、退货等情况。与这些人员搞好关系，数据收集轻而易举。

收银台外资卖场对收银台的设立都比较合理，基本较为均衡。稳定一两个关系良好的收银员，稍加计算，即可得出该卖场各阶段的实际销售状况。

（二）合理设置情报收集人员

没有必要全员参与，而是要把重点放在两类员工身上，一是有一定的直接信息来源渠道的员工，二是具备一定收集技能的员工（例如，具备一定技能，能在仓库、广告公司、文印店等间接渠道收集信息的员工）。对这两类专项负责情报信息收集的员工辅之以相关的物质回报和费用支持，其他人员若是有临时性的情报信息来源也同样欢迎并给予一定的物质回报，这样对专业情报信息收集和非专业收集人员来说，都有一个互相刺激的作用，不再像以前的做和不做一个样，做多做少一个样。

（三）确保市场情报的及时、有效

许多企业常规的情报收集系统是逐级分层上报，等相关情报信息到达的时候，黄花菜都凉了，都过期失效了。再说了，情报信息是随时随地发生的，不可能按照你企业某个设定的时间段内定期出现。情报系统也没有必要层层上报，完全可以在总部设立专职专人来直接接收来自各个方面的市场情报信息，而基层分支机构的情报信息收集人员将所获取的信息可直接发送给总部的专职接收人员。

及时的信息才是有效信息的必备条件之一。而情报信息在到达总部相关的负责人员后，应迅速进行判断及分析处理，确保信息真实性和有效性。

（四）正确使用情报信息

情报收集来了之后没有一个很好的使用等于白搭，这些经专业人员迅速传递上来的信息在总部进行过相关的分析处理过后，除了及时汇报给决策层领导外，还可考虑在一定的范围内抄送给相关部门和人员（当然这个要限级别），并且，总部还要教会相关人员如何正确对待、使用这些情报信息，特别是那些有预见性的竞品动态和行业事故类的情报信息，以便各分支机构及时做出本地市场应对策略和预防性措施。各分支机构的主管们尝到情报信息系统所带来的利益，今后才能在情报信息的收集工作上给予足够的对待和重视。

此外，在一些市场问题和事故的内部追查程序上，也要将是否及时接受和对待总部所下发的市场情报信息作为检测标尺之一，督促分支机构主管们认真地对待总部所下发的各类市场情报信息。

第六章 厂家管理经销商

作为厂家，一方面是想方设地保护经销商的利益，从而提高经销商的合作积极性，另外一方面，为了保障厂家自身更大的利益，厂家也在不断地探寻各种管理、控制经销商的办法。而且，由想法到做法，许多管控经销商的方案已经具体落实到行动中了，作为经销商，务必了解厂家管理经销商的方法和措施。

第一节 厂家选择经销商的秘诀

一、厂家在经销商选择方面的特性和共性

在快速消费品行业中，产品生产厂家具有各种各样的规模和形态，同样，不同类型的厂家对经销商客户类型选择也是不尽相同的，笔者整理了近些年来为不同类型的企业提供咨询服务时所积累的经验，总结了一些不同类型厂家在经销商选择方面的特性和共性问题，以供厂家的经销商开发人员以及选择厂家时参考。

（一）中国特色的乡镇企业

数量多、分布广、灵活机动、擅长寻找市场切入点，这是中国当前为数众多的乡镇企业的典型特征，也是当前中小品牌的主要构成群体。它们对经销商的选择是希望经销商同样具备灵活机动的特点，经销商本身的规模大小不是最重要的，关键是要看老板的思维是否活跃，具备市场的迅速渗透能力，能实现产品的快速回转，从而确保厂家回款的现金流稳定。

（二）国有企业

拥有历史悠久的传统品牌，熟悉大流通的销售方式，企业整体在市场上的发展速度相对缓慢，喜欢追求稳定的合作关系，这是国有企业的特点。它们希望经

销商能具备较大的规模和较为长久的经营历史，在财务、储运等方面与厂家的对接平台较为成熟，希望在后期操作流程上较为简单。

（三）大型非国有非外资企业

民营或是集体股份所有制企业，是当前快速消费品行业的中坚力量，拥有大部分的国内知名品牌，且品牌的历史大多在十年以内。它们对经销商在规模要求方面可放宽到中型经销商，但重点是希望经销商具备清晰的发展意识，对本地市场能有一定的掌控能力，能有效地融入厂家的战略合作中，进行有效的厂商结合，并且能从简单的产品经销商提升到厂商合营乃至互相融资的经营状况，且很看重经销商对企业的忠诚度。

（四）外资合资企业

这类企业拥有较多的国际品牌，也会在中国市场推出特定的品牌及品牌推广策略，擅长现代渠道和终端的运用，一些市场运作较为成熟的企业甚至已经开始进行大规模的市场直营。对经销商的要求是功能明确，该分销就是分销，该弥补特殊通路就是弥补特殊通路，强调经销商的执行力，对经销商规模大小不是很强调，关键是要适合。

二、厂家在不同阶段的需求重点

各类企业出于自身原因对经销商的选择有所不同，但在实际的市场操作步骤上却大同小异，厂家在进行市场操作的各个阶段，都存在着相应的需求重点，经销商如果能够把握好厂家在不同阶段的需求重点，有的放矢，适当配合跟进，将能很有效地紧密厂商关系，为争取更多的资源和建立长远合作打下良好的基础。具体的厂家需求可以简化为三个阶段的需求。

在初期阶段，重点在于产品要能迅速进入市场，对消费者营销手段的运用就非常重要，这个时候，厂家非常需要经销商对成熟渠道的快速引进工作，以及地面促销活动的配合能力。

在市场发展的中期，重点在于更大范围的市场普及和推广，但由于涉及市场推广的资源成本大大增加，需要经销商能够投入一些资源进行共同开发与开拓市场，并会侧重于对渠道和网络营销手段的运用，需要经销商对当地市场有准确把握和控制的能力。此外，厂家还会逐渐开始启动对经销商管理及对市场管理的动作，经销商也要有接受配合管理的意识和行动。

在市场发展的成熟期，销量已经比较稳定，销售网络质量得到不断加强，在此基础上，要为后续新产品的推出做好准备，这时需要经销商有全盘的市场操控及稳定能力，并能在现有产品流通渠道的基础上有意识地进行拓宽，为新产品的进入做准备。

三、厂家在产品推广销售的不同阶段害怕什么

在初期，厂家最怕的就是产品的经销商接受度差，市场动作的配合度差，资源有限无法支持初期的市场推广，不熟悉渠道特征，无法策划有效的针对对策，而原设定的营销手段难以发挥，或是发挥后起不到应有的作用。

在中期，厂家怕的是这时渠道的维护拓展费用增大，经销商又不愿意进行市场共同投入。而在销售网络渠道的深入开发方面，经销商不按照事先约定的逐步开发计划，随意性强，给市场的整理清理与管理带来困难。

在成熟期，厂家怕的是后续新产品经销商不经销，不愿意接受，且串货四起，产品流通渠道的质量下降，仅能承担现有的产品流通功能。经销商满足于现有状况，不愿意在市场深化开发与革新方面做出调整。

不同类型的厂家需要各自对应的经销商，且厂家在产品进行推广销售的各个阶段也有着不同的侧重需求点，市场不是厂家一手做出来的，也不是经销商一手做出来的，双方的紧密合作起着至关重要的作用，而有效合作的前提，就是能有效地满足对方的需求。

四、经销商开发与管理的快速上手

这个话题已经被众多前辈从各个角度都谈过了，并且以稿件、讲座、图书等多种形式一再演绎。每天都有新人进入营销行业，同时也有人接触经销商开发与管理问题，我们都需要再次讨论经销商的开发与管理。但这次重点在于"快速上手"，让新进入这个行业的人能较为简单、直观、明了地了解相关知识。

（一）确定目标

在企业打工，首先要搞清楚的问题是老板要什么，老板要你去开发经销商，具体是开发哪类的经销商？一般来说，经销商分为三种：销量型经销商、战略布局型经销商、市场建设型经销商。

把这个问题先搞清楚，按单下菜，制订相关的工作计划。

第二要清楚的是，你想要什么，明白点说就是在企业打工，除了工资你还想得到什么，在经销商开发与管理方面，你至少可以得到这两样东西：熟悉经销商的开发与管理流程，掌握一门技能；拥有一片属于你的经销商，掌握一种资源。

（二）定位分析

目标明确后，我们再来动手，第一步是分析你所在的企业，在市场策略方面是以产品带品牌的运作方式，还是以品牌带产品的运作方式。一般来说，大型企业多以品牌带产品的运作方式，选择经销商侧重于经销商的实力和在当地市场的

地位；中小型企业或是处于困境中的企业多以产品带品牌的运作方式，选择经销商侧重于经销商的配合度和共同发展意识。当然了，在大企业做经销商开发工作比较轻松，而在中小企业或是处于困境中的企业做经销商的开发工作难度比较大，但事事无绝对，在此类企业的经销商开发工作中，有三种类型的经销商可作为重点考虑。

第一种，当前侧重渠道利益分配，今后侧重向上发展的竞争品牌的二批商。竞争品牌的主要利润基本被一级代理商所剥夺，其旗下的众多二级分销商更多的是在从事搬砖头的工作，虽走量有保证，毛利却很低。很多有一定实力的二批商非常眼红大品牌的一级代理商的利润和地位。在进行经销商开发谈判时，调整出更为合理的利润分配比例，辅之以良好的市场服务，满足当前阶段二批商的利润需求。除了利润之外，二批商也很看重地位，也在积极寻找背景较好的大企业来做一级经销，但这种大企业常常看不上这些二批商，这时，中小企业对于经销商来说就是个比较现实的选择，虽说厂家是小点，但毕竟是做一级经销商，地位不一样啊。

第二种，尚未涉及本行业的经销商。若是本行业的经销商，必然是以专家自居，对企业的要求颇多，作为中小企业必然是难以满足的。不如另寻渠道，找一些干脆不熟悉本行业的经销商，不了解这个行业的经销商往往好谈些，那时候你就是专家了。为打消其对市场不熟悉的担心，或者是对短期内没有较大资金投入的顾虑，可以考虑以二批这种比较低成本低风险的形式开始运作，逐渐帮助其熟悉行业市场，建立与企业合作的信心。与这样的经销商合作，市场投入和进度主动权都掌握在企业手里，可以慢慢培养，不用着急的。

第三种，辞职的厂家业务人员开办的经销商。许多业务人员在厂家做了若干年的销售，积攒了一定的资金网络和经验之后，自己辞职干起了经销商或是二批商，他们有着丰富的销售经验，有着较强的管理能力和相对先进的市场营销理念，同时他们的本钱是来之不易的打工积蓄，因此运作生意也更加有头脑、更加努力，做大做强的心情也比较迫切，与这类型经销商的沟通比较容易达成共识，也容易鼓励他们动心，但毕竟资金有限，可能也得考虑从二批切入，长线培养。

（三）寻找和商洽

下一步，进入具体的经销商寻找和商洽的步骤了，在此之前要明确一个前提：第一，不是为了完成销量而发展经销商，而是为了建设长效销售网络而发展经销商；第二，产品不是仅仅卖给一个经销商的，而是要卖给整个市场里的所有经销商，虽然最后只会落在一两个经销商身上，但不要放弃能卖这个产品的所有经销商，以后还可以留作他用。

（四）步骤和事项

下面是经销商开发与管理的步骤和事项。

1.经销商怎么找——准备工作

（1）收集经销商名单。

所有竞争品牌的经销商及大二批商，其他区域经销商的介绍，当地批发市场的摸查。

（2）制定排期表，逐一拜访。

事先的拜访准备与时间预约，切忌直接上门。

2.经销商怎么看待前期接触

绝大多数经销商都愿意与具有一定背景的大型企业的经销商开发业务代表进行接触，因为他们会认为："也许是新机会""有厂家找上门，证明自己是有影响力的（慕名而来）""在同行或是其他厂家面前，有炫耀的资本""即便是自己不会接受的产品，也要了解一下厂家的行情（尤其是同行业产品）"。

准备材料：企业的介绍资料、新产品样品。

经销商的前期接触拜访人员以业务主管或分支机构主管等较高级别的人员为宜。

3.前期拜访经销商都了解些什么

不要急于推销产品，不要给客户框架与提示，鼓励客户谈出其自己对市场、对行业、对未来的看法与意见。

（1）了解当地市场。

包括经济发展水平、居民消费特点、广告力因素。

（2）了解当地行业情况。

包括预估市场总容量、主导产品、各类产品状况、销售通路状况。

（3）了解该客户自己的经营情况。

重在了解该经销商目前主要是在想什么：想做大，想发展，还是想生存？然后考虑自己的产品能给他带来什么。同时对其发展历史、通路状况、优势通路、业务量、资源现状做一了解。

（4）了解客户对当地行业市场的看法。

前期拜访经销商需要谈以下内容。

①了解客户对你所在企业的早期认识和大概认识；

②征询客户对你所在企业经营现状的看法；

③引导客户对强势竞争品牌的牢骚与意见（利润低、服务不及时等）；

④认同客户的经营心得与成功经验；

⑤引导客户谈及未来的自身发展，以及所需要的网络及资源。

4.前期拜访中告诉经销商些什么

（1）经销商接新产品第一考虑的不是赚钱，而是如何不赔钱，打消其顾虑是首要的前提。

①告诉经销商企业的历史；

②告诉经销商企业的现状；

③告诉经销商企业全新的产品线；

④告诉经销商你所在企业的成功案例；

⑤告诉经销商即将连续投放的各系列新产品；

⑥告诉经销商一个离他较近的样板经销商的发展状况。

（2）与重点经销商的谈判重点。

①突出你所在企业的背景；

②突出你所在企业目前所处于的转折期与后期发展方向（差不多每家企业都在处于不断转折和改进当中）。

（3）与重点经销商的谈判注意事项。

①脱离其所熟悉的环境，换个谈判地点；

②谈判过程中将相关的事务、时间、地点明确，并有书面记录；

③不要许诺广告投放；

④把经销商的顾虑提前主动谈出来；

⑤让经销商自己提出产品与渠道组合。

（4）产品能帮助经销商做些什么。

①通过与经销商的谈话分析出该经销商想怎么发展或是生存；

②经销商希望他所经销的产品目前能给他带来什么；

③产品的功能是多样化的，找出与经销商的需求点进行合并；

④合并后会对经销商产生什么样的成效。

5.明确经销商要你的产品做什么

（1）利用现有资源新增利益点。

已有成熟销售通路，在投入资源成本不增加的前提下，增加新品等于增加利润。

（2）弥补产品组合。

弥补经销商目前产品线中某种产品的空缺。

（3）带货。

外发货的车位补充，降低物流成本。

（4）借产品新开渠道。

开拓卖场或是特通渠道。

6.与确定经销商的沟通

（1）经销商为什么会与你合作？

①看重你和你所代表的公司所带来利益；

②个人沟通的性格相投；

③产品利润；

④帮助其本人及业务人员有效地提高市场操作技能；

⑤实现产品的市场功能，完善经销商的销售网络，提高网络质量。

（2）经销商的特点。

①目前国内个体经销商的主体平均文化水平在初中；

②看重自己的以往经验，而非客观地分析市场的新动态和未来趋势；

③先考虑赔钱，再考虑赚钱；

④喜欢靠大树，喜欢和大企业合作。

（3）经销商沟通中的常见话题。

①厂家的广告投放力度；

②能否铺货延期结算；

③损耗产品的处理；

④卖场费用的承担问题；

⑤独家经营问题。

（4）经销商最喜欢什么样的业务代表。

①见多识广，有良好的沟通技巧；

②有专业的行业经验；

③了解行业情况并对其进行分析；

④有行业情报来源；

⑤能指出哪里能够省钱；

⑥能够教经销商如何向其他厂家争取资源。

7.已确定经销商的管理

（1）管理经销商很大程度上是与经销商如何有效沟通并达成共识。

目前我们所指的经销商绝大多数还是私营企业，对这些经销商的管理很大程度上在于与经销商决策者的有效沟通，让这些决策者接受企业的战略思路，并具体安排落实到战术执行。

（2）控制经销商从控制其销售网络着手。

8.与经销商的沟通原则

经销商不是厂方的下级单位，而是客户，是上帝，想让经销商听从、接受厂方的指导思路就必须做到外柔内刚，既给予正面动力又给予负面压力。

（1）外柔（正面动力）。

帮助经销商及其员工不断提升专业知识与操作水平，加强通路建设，强化终端，提升销量，从而创造更多的利润。

（2）内刚（负面压力）。

抓住经销商的底牌，对其产生威慑力。

9.注重与经销商员工的沟通

（1）人的思想不是独立形成的，而是受身边的人、事、物等客观因素影响而形成的。同样，经销商决策者对市场的分析、判断、决定等思维活动也是受其身边若干因素影响的。图6-1是经销商决策者在经营方面受外界客观因素影响的比例图。

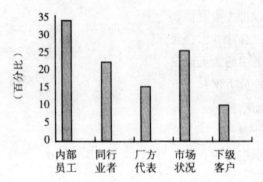

图6-1　经销商决策者受外界因素影响的比例图

（2）站在同一利益点上的经销商内部员工对决策者的影响最大，经销商员工与经销商决策者的沟通频率与效果远远高过厂方代表，所起到的正面及负面促进效果都是最显著的，要想引导决策者的思维就必须先抓住经销商内部员工的心，争取经销商员工对你的认同，这样才能有效地影响到决策者的思维与决定。

（3）与经销商员工的沟通核心就是将经销商整体的大利益与员工个人的小利益结合起来，尊重每位业务人员，重视他们针对市场建设与销售工作所提出的意见和建议，及时给予答复和解释，并与经销商协商，对部分有创造性及实质性的建议给予一定的精神上和物质上的奖励，共同保护员工的工作热情与工作创造性。

10.经销商的档案管理

（1）经销商档案必须规范完善。

（2）每个经销商都要有一个专门文件夹来管理。包括营业执照及法人代表复印件、年度合同、供货价格、客户联系方式、财务情况、配送售点清单路线等。

（3）经销商资料必须由相关人员及时更新补充。

（4）所有经销商档案由公司专人保管，任何人不得随意借用。

（5）客户移交，必须填写客户移交表由公司财务、双方移交人、相关主管签字确认，公司保留追述权。客户移交表内容：客户相关联系人员、方式、供价、应付费用等各类明细。

11.前期合作的具体操作步骤

（1）与经销商进行实质合作阶段的第一件事是建立经销商的信心。集中你的精力和有限资源，划分出先行开发的市场或是区域，实行点的突破。由此建立起经销商的信心，之后由点连线，由线连面地发展起来。

（2）主动劝说经销商首批小额进货。

（3）实现快速回转，增强经销商及其业务人员的信心。

12.如何向经销商证明产品生命力

（1）进行点的突破。

（2）样板区域及样板通路的集中资源开发。

（3）每一个点的成功开发案例，都需及时整理成文，呈送经销商，帮助经销商的业务人员学习成功经验，提高操作水平。这里要注意的是，要当经销商的参谋而非沦为经销商的业务员。

13.最大化地利用经销商

（1）建立区域市场档案系统。

（2）建立分销系统。

（3）开发出其他区域经销商。

（4）利用经销商的本土优势，合作开发当地特殊销售渠道。包括政府采购、民政采购等。

14.未合作经销商的管理

（1）仍需保持定期拜访及样品赠送。

（2）没做成经销商但有可能成为二批商。

（3）培养后备经销商。

（4）保持个人及品牌的行业口碑。

（5）多角度了解市场信息。

（6）不断地寻找机会开发新的销售通路。

15.哪些话题不能与经销商谈

（1）不要言及你的薪酬待遇。

（2）不要顺应经销商对公司的抱怨。

（3）不要对经销商的宗教信仰问题发表评论。

（4）不要指责经销商的员工。

五、厂家如何在二三级城市选择经销商

随着各大厂家对二三级城市的进军与深化开发，如何在二三级城市选择合适的经销商就成为许多厂家销售经理当前的考虑重点，笔者曾在某外资企业做过二三级城市的开发经理，在二三级城市的经销商开发问题上积累了点经验，在此整理撰出，以供各位同行参考。

国内的二三级城市与一级城市存在着许多区别，这个区别不仅仅是城市规模及人口上的，从厂家的角度来说，更多的区别是在市场环境上，例如，在渠道结构、终端类型、消费者的心态等方面。特别是在二三级城市，存在着许多特殊渠道和封闭渠道，这些特殊的销售渠道往往占据了相当大的一块市场份额，它们由一些拥有特殊关系的经销商所掌握，品牌的影响力对这些特殊销售渠道的商品采购作用很小，常规的市场推广及消费者促销活动很难奏效。再者，从费用成本的角度考虑，厂家的驻地机构大多集中在一级城市，对一些二三级城市市场的服务问题难免有些鞭长莫及，并且也没法像在一级城市里那样，对一些渠道和终端能实现直接掌控，实现一部分市场功能的直接替代，所以二三级市场更多的还得依靠经销商去做，对经销商的要求方面自然是与一级城市有很多不同。

综上所述，在二三级城市开发经销商，自然是不能套用在一级城市开发经销商的方式方法和评判标准，而是要根据当地市场情况，设计针对性的选择和评判标准。除去行业特性所要求的因素外，需要分几步来逐一进行分析和评判。

（一）基本的选择和评判标准

1.经营历史，也就是对当地市场的熟悉和融入程度

经销商对当地市场的熟悉程度可以帮助厂家的业务人员快速地认识当地市场状况，避免许多盲目的摸索和试验，这将有效地帮助厂家找准当地市场的切入点和切入时间，并且能使厂家更有针对性地使用市场资源。

2.在当地所拥有的封闭终端和特殊渠道的情况

例如，团购销售能力、特殊单位的采购订单。

在二三级城市市场，拥有的特殊渠道的数量及质量将直接影响到该经销商的实际销售能力。

3.市场服务意识和能力

这样可减少厂家对市场服务所投入的成本，并实现快速的市场反应能力。

（二）结合二三级市场的特性需考虑的因素

考虑到二三级市场的特性，建议大家在进行具体选择时，在上述基础上再考虑以下几点。

（1）吸取在一级城市市场里评判、开发经销商的教训，避免同样的错误在二三级城市的经销商评判、开发中再次出现。

（2）在原有的二三级城市分销商群体里面挑选，根据前期的合作及表现情况来综合分析，开发经销商有时候也是做生不如做熟。

（3）从当地市场的终端来反调查，根据当地终端对各自供应商的评价来评判、开发。这也是检测经销商实际市场覆盖能力和服务意识的最好方式。

（4）按照信息发布之后经销商的响应积极性，在发布经销商招募信息后，看哪些经销商能积极主动地来联系。主动与被动，其中差别大了，对于厂家的谈判管理角度而言，主动寻求合作的经销商自然要轻松不少。

（三）从管控和发展的角度进行评判

接下来，在初步确定的候选经销商群体里，再从管控和发展的角度进行评判。

1.候选经销商是否处于厂家的管控范围内

在一级城市，厂家可以利用驻地机构直接进行一部分市场操作，而在二三级城市，市场基本上都是经销商在做，经销商能把生意做多大是一个方面，而更重要的是，厂家能否控制得了这个经销商。二三级城市的经销商大多属于中小型经销商，战略部署的长度有限，更习惯于把眼光集中在当前赢利上，经销商很有可能为了自己的利润最大化而来违反厂家的市场规定，杀鸡取卵，追求短期效益，例如，冲货、破坏价格体系、截留市场开发资源等。在经销商看来，反正厂家多的是，这个厂家的产品没得做再换个厂家就是了，但这给厂家所带来的负面影响是长远的，所以，在二三级城市所选择的经销商一定要在厂家所能管控的范围之内，即便某个经销商能力很强，若是厂家已经不具备对其的管控能力，恐怕到时候就是请神容易送神难了。所以，在二三级城市选择经销商，能不能管控得住是个安全方面的前提。

2.能否与厂家的发展保持共进

大多数厂家的市场管理手段及营运方式是在不断前进的，经销商也要与之相对应进行调整和配合，厂商联动，才能发挥出厂家改进措施的有效性。这就需要经销商具备一定的学习心态，不断地配合厂家每一次新的策略调整和提升，若是经销商坚持认为自己对厂家的配合动作是正确的，不必更改了，这将增加许多厂家与经销商之间的内耗，延误市场机会。

3.能否跟得上市场环境的变化

市场环境不是一成不变的，尤其是这几年，市场环境的变化程度和频率超过了以往任何一个阶段，而且是越变越快，一级城市的许多市场环境变化很快会波及二三级城市，经销商一方面是要对当地市场熟悉和了解，但也不能固守在这些对当地市场的熟悉与了解上。

而应把眼光放远，一方面看到一级城市的市场变化状态，另一方面也要及时地根据大环境的变化趋势来调整自己的市场营运策略，不要固执地坚持自己对市场环境的看法。

第二节　厂家对经销商的控制

一、厂家为什么要控制经销商

案例

不防不行啊

端午节那天，广东怡乐食品饮料有限公司的刘总有两件重要的事情。一是位于哈尔滨的合资分厂开始正式投入生产了，这是怡乐公司进行全国战略布局的第三步。在此之前，怡乐公司已经在江苏的扬州、山东的烟台分别设立了当地的合资工厂，充分利用这些地方较为低廉的土地、人力、税收等资源成本，降低生产成本，降低物流费用，实现对市场的快速服务，更加有效地覆盖了市场，确保了公司产品在长江三角洲、珠江三角洲、环渤海圈三大消费力集中的区域实现一定程度的稳定和发展。这次在哈尔滨建厂是为了更好地覆盖东北市场，并向苏联国家出口做准备。

二是批准了经销商仓库进出货联网监控系统，这套耗资数百万的信息系统连接了总部与全国各地驻地机构及24家主要经销商，这套系统可以监控联网经销商的进出货情况，并可根据经销商的单据录入情况，大概分析出产品的销售对象，是小批发还是某家卖场还是某家二批商。这24家经销商占据了公司70%以上的销量，对公司的重要性可想而知，为此，必须对这24家经销商的进货销售库存情况进行有效掌握，从而真实地了解各主要经销商的销售情况，及时掌握市场信息和及时发现事故苗头。刘总心里也是不大舍得花这几百万来购买这套系统的，虽然市场部已经多次提出建立这套信息化监控系统，但毕竟是好几百万的投资，又没有相关的利润产出，刘总心里不是那么容易决定的，但五一前发生的一件事促使刘总下了决心。五一前，西安市场的一级经销商出现团购转单事件，公司这才发现这个经销商早已有二心了，这个经销商以前一直是把怡乐的产品当成开路先锋，相关市场开拓建设费用都要怡乐公司买单，而销售通路建成后却主力推销其他厂家的高利润产品，甚至后期的市场费用也要怡乐公司来承担，这次是玩得大了点，直接把怡乐公司当地机构转来的团购单直接转单了。事情是这样的：当地驻地机构通过关系获得了当地电信局的劳动节福利单，随即转给怡乐的经销商，后期跟进时却发现此单被其他一家名不见经传的产品拿去了，后来追查发现，这个名不见经传的产品居然就是怡乐的经销商做的，经销商见事情败露，索性来个死猪不怕开水烫，一个劲地说怡乐产品最后没通过客户的检验，是客户的选择不是经销商故意操作的。然而，怡乐公司驻地机构经过调查的结果却是经销商故意歪曲怡乐公司产品，主动推荐了那个名不见经传的产品，这简直是把怡乐公司当枪使嘛。怡乐公司当即通知经销商扣除年底的三个点的市场维护奖励，矛盾激化后，经销商恼羞成怒，干脆单方面解决了与怡乐公司的合作关系，并将库存的怡乐公司产品低价抛售，还不一次抛完，一点点抛，把怡乐公司产品在西安市场的价格系统冲得七零八落，负面影响极坏。由于怡乐公司未曾在当地预备候选经销商，只有现找，而此时饮料已进入旺季，合适的经销商都已与各自的厂家做了备货，加之市场上负面影响因素，一直拖了两个多月，也没哪家条件适合的经销商伸来橄榄枝，没办法，只有退而求其次，分别找了两家规模小些的经销商分区经销。这么一折腾，白白错失了饮料销售的旺季，更为关键的是，原来良好的公司形象、产品形象、价格体系等都被破坏了，想恢复原来的局面怕是没那么容易了。

这件事给刘老板很大的触动，企业越做越大，分厂一家接一家地开，固定项目上投资也是越来越多，总体上的经营成本及对资金周转的需求量也是越来越大，与之相平衡的就是市场和销量的同步扩大，量的提升对公司的利润同步提升也是非常大的促进。但是，这个量的提升也不是刘总想提升就能提升的，除了整体的内外部管理和整体的市场规划，经销商也是很重要的因素，毕竟生意都是经销商在做的。这对经销商网络的稳定性与可靠性就提出了更高的要求，刘总是越来越担心这个经销商网络出乱子，毕竟下面的分销系统和终端掌握在这些经销商手里，经销商网络的稳定可靠性不可小觑呀。现在许多经销商是有奶就是娘，有更好的产品更好的政策，这些经销商们才不会管与老东家合作多少年呢，往往是掉头就去。

随着厂家一步步发展壮大，厂家所面临的风险也是日渐增大，其中来自经销商方面的风险也是随着规模的扩大而增大的。如何化解这些风险也就成了厂家非常关注的，说到底，化解风险就是厂家要控制经销商的原因。具体来说，厂家为什么想要控制经销商呢？

（一）稳定问题

在企业发展到一定程度后，一方面是要继续勇攀高峰，另一个更重要的方面就是要稳定好现有局面，从而作为以后发展的保障和基石，这是最根本的一个问题。伟人都说了，稳定压倒一切，稳定是发展的基础。经销商的稳定是厂家整个稳定环节中重要的一环，要是经销商群体出现倒戈，釜底抽薪，或者出点什么要命的负面影响，不要说发展，就连保住现有局面都成问题。面对逐渐庞大起来的经销商群体，如不尽早实现管控，一旦有变故出现，厂家到时候也只有束手无策的份了。

（二）发展及带来销量的消化问题

前面已经谈到，企业从产能到结构规模在不断扩大，与之对应的销量也要得到提升，这销量的提升还得靠经销商，若是经销商已经摆脱了厂家对其的控制和约束，想卖多少就卖多少，那厂家增产出来的产品一旦得不到及时的消化，反过来就会对企业的资金、综合成本产生许多负面影响。就像鲨鱼长大了之后就需要更多的食物来做保障，企业的销量增加了之后就必须要求经销商增加消化能力，才能确保安全。而若是失去对经销商的控制能力，增加出来的销量又如何去保证去消化？

（三）市场费用的正确使用问题

为了产生市场拉力，厂家每年都有大量的市场费用投下去，其中有不少费用是通过经销商来使用的。经销商们是不会和钱过不去的，往往都在想方设法搞到手，截流厂家的市场费用在业界已经是个司空见惯的事了。这一直是厂商之间的猫鼠游戏，厂家有新的监控政策出来，经销商很快就有对策出来，人民群众无穷无尽的智慧在这里得到了充分的体现。经销商之所以敢截流，原因倒也简单，就是不怕厂家嘛，要是厂家抓住经销商的命根子，控制到了经销商的发展命脉，你看经销商还敢不敢乱截流厂家的市场费用？

（四）市场建设所需资源的投入分摊问题

现在市场是厂家和经销商一起在做，面对越来越大的市场，市场建设所需要的资源投入也是越来越大，单纯靠厂家出钱，那简直就是个无底洞，很难保证这些投下去的钱是否都花在自己产品身上了，即便是都花在自己产品上，这个使用的效率又如何来保证？这是个扯不完的皮，比较有效的解决办法就是逼使经销商对市场建设也要投入资源。若是厂家对经销商缺乏控制力，那经销商自然是拒不投入，反过来逼使厂家进行全部投入，厂家不投吧，必然影响市场建设和销量，自己全投吧，这里面的钱可不是小数目。出路就一个，控制经销商，逼着经销商一起来出钱。

（五）确保经销商资源的侧重使用

众所周知，厂家之所以找经销商无非是看中了经销商手里有资源，经销商的网络、钱、仓储、运输、市场服务功能等等，在厂家看来，这些资源就是工具，把厂家的产品卖出去，变成利润的工具。工具就要讲究个好不好使，要是这个工具不太顺手，一是影响发挥，二是需要增加更多的使用成本。经销商很少有只经营一两个产品的，而经销商手头的资源毕竟有限，不可能平均分配给每一个产品，只会给那些经销商认为最有利益产出价值的产品，或者是市场某种程度上已经被厂家控制，不得不把资源对这些厂家的产品进行侧重。那么，要想让经销商乖乖地进行资源侧重，厂家手里就得对经销商有控制力。

（六）厂家的形象问题

厂家在市场上的形象是由产品的品质、品牌的正面宣传策略、稳定的价格体系这三点所构成的，而经销商却往往不能为厂家考虑得这么周到。厂家的品牌宣传策略往往得不到经销商的尊重和照章执行，品牌形象及宣传品被经销商随意使用；变质产品不按厂家规定及时回收，而是想办法处理抛售；特别是这个价格体系，许多经销商出于竞争、跑量等因素，往往就会主动或是被动地破坏了厂家一而再、再而三强调的价格体系。经销商这些自由主义的行为都有可能对厂家的形象造成负面影响，从而降低产品在渠道市场的竞争力和销量，若是厂家对经销商具备足够的控制力，便可有效地迫使经销商多走正道，少发挥自由主义。

（七）远程管理的问题

厂家对经销商及区域市场的管理都是要依靠分布在全国各地的驻地机构来实现的，而因为天高皇帝远，厂家的驻地机构要是干点什么不太符合章程的事总部哪会知道，当然，干这些事，厂家的驻地机构也是一个巴掌拍不响的，非要经销商来进行配合和掩护。基本上来说，厂家驻地机构与经销商若是联手干点什么，厂家总部是很难查出来的，所以，除了一方面加强内部管理，另一个方面就要通过对经销商的控制力，促使经销商不敢参与、配合厂家的驻地机构干些不符合厂家总部利益的事来。

（八）交易成本的问题

对作为卖方的厂家来说，最佳的交易模式当然是交易次数少，单笔交易金额高，而作为买家的经销商当然希望单笔交易金额低，交易次数多，毕竟这样很方便经销商的资金周转和节约储运成本。如果经销部处于强势地位，那往往就得按照经销商的要求来，这样就使得厂家的交易成本大大提高；如果厂家处于强势地位，也就是对经销商有控制力，那经销商就得按照厂家的模式来，提高交易效率，减少交易成本。

（九）市场运作

厂家市场部的工作主要由线上广告部分和线下活动所组成，线上这些广告投放当然是由厂家的市场部亲自来操办，而这个线下的活动部分就需要经销商配合了。在当地进行一些筹办和执行工作，线上与线下的配合得当，才能产出效果来，厂家的广告费才算是没白花，可这线下活动的配合需要经销商出人出钱出车出力，许多经销商就不乐意了，本来嘛，厂家做市场，经销商做销售，这市场费用厂家该掏呀，干吗非得让经销商出？经销商拒不配合或是敷衍了事的大有人在，这对厂家的整体市场策略的有效落实将产生不小的负面影响，更是导致市场费用的严重浪费。当然了，厂家的控制力度到位，经销商也会乖乖掏钱，出人出力。

（十）竞争品牌争夺经销商的问题

想当初这些经销商都自己带着现金千里迢迢找到厂家，哭着喊着要做经销商，现在靠厂家的产品把市场做起来了，钱也赚了，当地的专属销售网络也建成了，当初那些对厂家的忠心也就消失得差不多了。看见别的厂家有更好的产品或是政策，不免就动了心，反正销售网络是现成的，多带一样赚一样，明修栈道，暗度陈仓，悄悄带着做起来再说；必要时还会把老厂家的产品当枪使，来为自己接的新产品开道；新产品进入市场所需的费用资源有时候也想办法从老厂家那里弄点过来，拆东墙补西墙嘛。

经销商能发展到今天，能拥有这么一套销售网络，厂家可是花了不少本钱的，若是没个控制，厂家辛辛苦苦种树，还指不定谁来摘果子呢，这要是不对经销商有足够的控制和威慑力，光从道义上是阻止不了经销商另结新欢的。

（十一）快速解除失去价值的经销商

作为企业化经营的厂家，平均的发展速度要比经销商快许多，无论是资产实力还是经营思路的提升都是如此。而作为个体单打独斗（还有些是作坊式经营思路）的经销商，在实力和思路方面的提升难免有些障碍，厂家的发展会对经销商不断地提出新的要求，若是经销商在实力及经营思路上已经达不到厂家的要求，或者是出现脱离，那在厂商配合、资源使用效率、市场动作执行、市场管控等很多方面都会出问题。还有些经销商因为自身的一些其他突发原因（如遭遇重大财务损失或是老板出现意外），突然失去原有的实力和经营局面，短期内又没法恢复的，也会给厂家的市场运作带来很大的麻烦。

总之，这些类型的经销商在厂家眼里已经失去了合作的价值，那就要以最快的速度解脱掉。半解除状态的经销商对市场的危害是最大的，经销商库存的货会出现乱价，竞争对手趁机入侵通路，半挂半离的状态又会影响新经销商的信心，解除过程一旦拖得久了，对厂家的名声是极其不利的。

厂家之所以要控制经销商，其核心点是确保经销商工具功能的持续使用，综合上面说的这么多因素和存在的危机，厂家能不去想办法控制经销商吗？再说了，没有控制就谈不到有效管理，没有有效管理又哪里能保证销量呢？没有销量，企业吃什么？

根据国内当前的市场状况，以及今后一段时间的发展趋势，厂家的要求是经销商要成为厂家市场运作的执行者、市场建设的共同投入者。但水能载舟亦能覆舟，经销商帮助厂家前进的同时，也会拉厂家前进的后腿，损害厂家的利益，在市场中给厂家留下种种隐患，甚至有把厂家拖入泥潭的危险。这个隐患和危险单凭管理是难以消除得了的，必须有控制力，有主动权，这样才能确保安全，在安全的基础上才能谈别的，下篇我们就来谈谈厂家具体有哪些方式和手段来控制经销商。

二、厂家业务人员如何让经销商老板"听话"

对厂家业务人员来说，管理指导所辖经销商的市场营运是其日常工作职责的一个重要组成部分，但是，指导经销商进行市场营运这事说起来简单，做起来何其难也。想必许多厂家的业务人员都有这个体会，任凭你厂家业务人员苦口婆心或是滔滔不绝地劝说、建议、指导，乃至指责经销商这里做得不对那里做得不好，经销商老板们基本上是左耳进右耳出，压根没当回事，有的时候非得把厂家的大区经理或是总部领导搬出来，经销商才肯给点面子，相对应的动作表示一下，以示回应。

（一）经销商老板在哪些问题上听不进去厂家业务人员的话

让经销商老板"听话"难在哪里？说得简单点就在两点上：一是厂家下拨资源的使用问题，二是经销商的市场操作策略问题。

首先说第一点，经销商在与厂家刚达成经销协议的时候，经销商们都会要求厂家提供各项市场启动及促进类的支援服务（包括线上广告投入和线下促销投入）。现在厂家的线上投入（指电视及报纸等媒体广告）一般多由厂家的市场部直接控制运作，很少会让经销商染指。线下投入（指地面促销活动费用、KA卖场的进场陈列费用、渠道通路促销费用等）按说也是厂家与经销商协商投入，厂家业务人员为经销商争取资源投入，那自然是非常好的，非常受经销商欢迎的，至于这个资源批下来之后怎么用，经销商当然希望完全由自己来掌控，你厂家的业务人员最好别掺和。但是，厂家业务人员自然也是不肯轻易放手给经销商去调用费用，总要去指挥经销商如何去"正确"使用这些费用，双方于是争来争去。此为厂家业务人员指导经销商进行市场运营的难点一。

第二点就是市场操作策略问题，即产品如何组合、渠道结构怎么建立、市场开发如何进行、下线客户怎么管理……对此，厂家业务人员有厂家业务人员的想法，经销商又有经销商的想法，这个时候，冲突就出来了：经销商老板在市场操作策略上很少能听得进去厂家业务人员的话，这个市场是属于我经销商的，我爱怎么做就怎么做；厂家业务人员则认为这个市场是靠着我厂家的产品、厂家的品牌、厂家的市场投入费用做起来的，经销商只是这个市场的一部分，作为厂家的业务人员，当然要调控这个市场的操作了。双方又是争来争去。此为厂家业务人员指导经销商进行市场运营的难点二。

（二）经销商老板为什么听不进去厂家业务人员的话

一般来说，主要有以下两个原因。

1. 出于对市场掌控的目的

市场是开放的，属于经销商，也属于厂家，就看谁有本事来掌控了，许多厂家的策略是利用经销商来建设销售渠道，利用品牌来引导消费者和终端，厂家所投放的各类市场资源最终是为树立品牌、控制销售渠道作为方向的。

而经销商的策略是利用厂家的市场投入来开拓建设渠道，然后利用所掌控的厂家各项市场投入资源来控制调动下线批发商及终端，实现对当地市场销售网络的高度掌控，厂家休想绕过经销商直接建立与下游客户的关系。你厂家只是卖产品的，我经销商帮你把产品通过我的渠道给销掉就好了，至于这个市场投入资源的具体使用权最好是集中在经销商自己的手中，反正能完成你厂家的销售任务不就行了吗。

从这个角度而言，经销商当然对厂家业务人员说的那一套套建议意见都听不进去了，或者是干脆装傻，你说什么我听什么，是是是，对对对，然后左耳进右耳出。

2. 对话双方的地位不平等

还有很多经销商听不进去厂家业务人员的话是出于另外一个原因，就是从心理接受不了厂家业务人员对自己在经营上的指导（或者说是指手画脚）。原因也很简单，厂家的业务人员一般年龄多在二三十岁左右，从事业务工作也就几年而已，而经销商多是在三四十岁以上，生意阅历达十年以上的比比皆是，在经销商老板看来，你厂家业务人员凭什么指导我做生意呀？就凭你的学历文凭？就凭你是厂家任命的职务？就凭你在学校学过的那点所谓的市场营销知识和接受过的专业培训？做生意能从书上学来吗？知道这做生意里面的水深水浅吗？我在做生意的时候你还在读小学呢，我一个月赚的钱是你的几十倍，你凭什么指导我做生意？你有那么大本事吗？真有那本事你不会窝在厂家拿那么仨瓜俩枣一个月的工资了，早就自己当老板去了，再说了，我都是直接和你们厂家老板对话的，作为厂家老板策略的执行人员，业务人员也就是个执行命令和跑腿的，跟你费个什么话啊。

以上这两点是构成经销商抗拒厂家业务人员指导的主要原因，也就造成了业务人员与经销商之间的官司不断，许多厂家领导也是不厌其烦，今天是经销商投诉厂家业务人员，明天又是厂家业务人员抱怨经销商不服从厂家策略指挥，厂家领导、厂家业务员、经销商老板，这三者经常为这些沟通不畅的事情搅在一起，耗费了大家大量的时间和精力。

（三）厂家业务人员如何换个角度来处理问题

1.正面与负面

引起别人关注的事件大体上可以分为两种，一种是正面的，一种是负面的。在进行正面的经销商经营性事务的指导上，厂家的业务人员在经验积累和观察角度上自然没有经销商那么深厚和多元化，也就是说不具备比经销商更强的赚钱能力；但是，由于厂家业务人员的信息来源和经历较广，对经销商所出现的各类负面事故知晓得比较多，某某经销商被自己的员工坑了，哪家经销商被政府部门查封了，某某经销商被下线客户骗了等，这些负面事件非常容易引起经销商的关注和进一步追问，毕竟，前车之鉴，后事之师啊，谁也不希望这些事故出现在自己身上，并且随着市场的复杂化，事故的类型也逐渐呈现多样化的趋势，许多事故的创新性是经销商坐在家里怎么想也想不出来的。

及早地知道，及早地做好相关的安全防范措施，是每一个经销商都会关注的重点，如果厂家业务人员能有这方面的信息来源，是非常容易引起经销商的关注的，并且，由于厂家业务人员所接触的经销商事故案例较多，所具备的观察分析能力也要强过于经销商，在这点上，完全可以作为指导经销商工作的切入点。如果没法证明你能给别人带来利益，至少可以帮助别人躲避风险。

2.帮助经销商培训业务人员

还有一种方式，在与经销商接触的初期，厂家业务人员干脆不把自己直接定位成能指挥经销商的厂家业务人员，而是从帮助经销商培训其员工入手。毕竟，厂家的业务人员综合所受的专业培训还是比较多的，综合素质比经销商的业务人员要强不少，这点也是经销商所能肯定的。那么，厂家业务人员先别忙着指导经销商，而是先从帮助经销商业务人员提高工作能力入手，等于就是为经销商培训他的业务人员，这点上经销商就很容易接受了。在获得经销商的认同和赞许后，再逐步过渡到对经销商本身的指导上来就相对容易得多。

三、厂家用什么来控制经销商

厂家用什么来控制经销商？厂家手里有产品、有品牌、有市场需求，考虑到成本和风险因素，尤其是在快速消费品行业，现在由厂家直接在全国各地设立营业机构的企业屈指可数，那就得找人为厂家做销售，找谁呢？厂商之间前期接触沟通商洽一番，将大好前景描述一番，宾主尽欢之际大家签契约，按个手印，厂家也会很慷慨地送块铜皮牌牌（纯铜的现在都舍不得啊）给经销商，上书"××公司××产品在××地区的（一级、特约等）经销商"，好好回家帮我种地去吧。

厂家之所以找经销商来做销售，自然是看中了后来带来的收益，就像地主把田租给佃户绝不是解决佃户的就业问题，而是重在佃户们的租金。这里面有个关键点，如何才能确保如期地把租金收上来，还要尽量做到颗粒归仓。若是大家好好合作，你种地来我收租，倒也相安无事，但人心险恶，商场险恶，意外的变故太多了，不得不防一手啊。真正重要的是厂家高层对经销商控制的战略部署，这些战略部署都是由厂家的大老板亲自制定规划的。我们看一下厂家控制经销商的两个主旨。

一是明确控制目的。架空经销商，厂家驻地实现对当地市场的操控权，使经销商蜕变成送货商，并实现对经销商的快速转换能力，总体上体现出厂家对市场、对渠道的主导能力。

二是主导思想。对经销商的正面鼓励和负面控制打压手段都要有，两手都要硬，简称为胡萝卜加狼牙棒。

案例

某著名小包装油厂家是如何来控制经销商的

20世纪90年代初期，东南亚的A粮油公司看准了中国的未来小包装食用油市场，斥资数亿元进军中国市场。很快，他们就发现在中国市场做小包装油的操作手法和国外的有很大区别，当时国内还没有较为现代的商业流通渠道，国有供销社系统已经萎缩很严重，外资的商业流通渠道却又因为政策的原因未能进入中国市场，那么当时能够借力的只有遍布在中国各个城市的个体经销商了，如何以最快的速度建立起经销商网络变成了A粮油公司当时的工作重点。由于包装油还是个新生事物，当时许多经销商都不愿意接受，能接下来做的经销商差不多就是好同志了。于是，在A粮油公司的早期经销商组成里面，有国营的粮油公司、糖酒公司、供销社、集体，乃至个体的大粮油点，当时主要的销售渠道就是企事业单位的福利团购。只要有本事拿到团单的就是市场开拓，甚至有些有关系和特殊渠道拿到团购单的经销商一年到头只要做几个团购旺季的生意就够了，至于平时的零售市场，能做点就做点，不做也没关系。而在当时，A公司对经销商基本上还没有什么外面控制，基本上是经销商把产品销掉就行。A公司当时所设立的驻地机构也是很少的，甚至连当时的区域经理都是流动办公的，对于经销商的一些市场要求和费用投入也很宽松，总体而言就是放开手脚让经销商来做市场，一直发展到20世纪90年代末期，包装油的市场格局才开始出现变化。其他包装油厂家开始崛起，团购业务量开始下降，零售渠道开始发达起来，带领着整个包装油市场开始走向成熟，小包装油由原来的高档奢侈品变成了进入寻常百姓家的普通消费品。销量一下子就翻了好几番，包装油的市场成熟了，生产厂家多起来了，掌握着包装油销售通路的经销商就开始值钱起来了，难免有些A公司经销商开始扩大小包装油的经销品牌，逐渐接纳其他厂家的包装油产品进行经销，反正是现成的通路嘛，能多卖一家的产品就多卖一家的产品，还免得这些新厂家的产品被别的经销商做去了，形成对自己的竞争。但在A公司的管理看来，这预示着一个很严重的问题，费了这么大劲来开发并引领出中国的包装油市场，这么多人跑出来摘果子可不行，直接威胁到A粮油公司的生存领地。A公司便开始对所属的经销商群开始进行控制，在基本投入上，增设了分支机构，除省会城市全部设立办事处以外，并在一些较为重要的二三级城市设立联络处，增加人员，强化总部部门和驻地机构的功能对接，将市场费用的使用权集中在A公司的驻地机构，进一步引导A公司的驻地机构对市场操作的主动权，并在整体上形成一个大的集合，实现A公司对全国市场的宏观统一控制与管理。在对经销商的管控方面，具体进行了下列步骤：压缩经销商的经销区域，在压缩出来的区域增设经销商；将主品牌的经销商与副品牌的经销权进行剥离，重新寻找经销商来做副品牌；经销商每周的仓库产品进出情况要定期汇报到A公司的驻地机构；经销商的所有客户档案也要在A公司驻地机构那里备份；所有的费用使用情况由A公司的驻地机构进行审批、监控和抽查。目前，A公司正打算上马网络化的管理系统，实现总部、驻地机构、经销商的全部联网，进一步监控经销商的经营情况。总体而言，A公司对其经销商群体的管理还是比较成功的，遍布全国的数百个经销商绝大多数都已经在A公司的控制之下，叫你往东就往东，叫你往西就往西，且表面工作做得还不错，大家都是一团和气。

笔者自己做过经销商，也做过厂家的经销商管理人员，还做过自己公司的老板，分别对这三者之间的关系角色都有经历，在此将厂家控制经销商的手段整理出来，以供各位同行参考。其实，厂家控制经销商的手段也不是很复杂，也就那么几招，主要集中在以下几点。

（一）压缩经销商区域

也就是我们常说的通路扁平化，不断地削弱大经销商的掌控区域。以前在批发市场里经常可以见到××产品的华东地区总经销商、华北地区总经销商、省级经销商一抓一大把，可现在很多××产品的经销商在一个城市里都要分开做了，城北、城东、城西、城南各有一个经销商，甚至连通路都得划分开做，KA通路、批发通路、特殊通路等都会有单独的经销商来做，这样一方面是促使经销商进一步地把市场做透做细，另一方面是削弱坐拥大片经销区域的经销商与厂家抗衡的对抗实力。省级经销商和地级市经销商与厂家的对抗实力自是不能相提并论。这个通路扁平化的趋势还会继续发展下去的，经销商们很快就会发现其实自己所能掌控到的区域已经越来越小了。

（二）极力放大品牌的作用，尽可能弱化经销商在渠道推动过程中的影响力

学过市场营销学的都知道，市场运作有个推拉理论，就是说从厂家到经销商到分销渠道到终端，是一级一级推的，用产品的利益贡献作为工具去推动的，而针对消费者所投放的线上广告和线下促销活动所产生的是拉力，影响着消费者从终端购买所宣传、所促销的产品，消费者在终端的购买反过来又能促使从终端到分销商到经销商到厂家产生拉力，推拉结合才能将市场做好。这里面有个现实情况，消费者只有可能购买其在终端能看到、能买的商品，若是看不到货，即便是厂家的广告宣传再大也是空的，而终端的进货受三个方面因素的影响，一是消费者的指名购买要求，二是终端业主自己对市场的判断依据，三是供应商的推荐，如果厂家没有对提升市场拉力的投入与控制，那终端们的进货取向更多就要听从供应商的推荐了，反过来说，厂家对拉力提升工作有足够的规划与投入，发挥出品牌的影响力，促使消费者在终端的指名购买，就会逐级向上游影响，终端和消费者的指名率越高，经销商对厂家的依赖性就越高。尽可能地弱化经销商在渠道推动过程中的影响力因素，厂家的策略目标是，让分销商和终端认品牌和产品，而不认是哪家经销商供的货；而经销商在力争的是：争取要分销商和终端服从接受经销商的影响力因素，接受经销商的产品推荐，一定程度上弱化厂家品牌的影响力。

（三）制定策略随时吸空经销商手头的闲散资金

经销商去接同类产品的销售不但是因为他有精力和渠道，更是手头有多余资金，就是这些富裕出来的资金促使经销商对引进新产品有了兴趣，一些厂家分析经销商资金周转情况，在经销商一旦出现富余资金的时候，时不时出台各类的进货奖励政策，促使经销商打款进货，吸空经销商手头的富余资金，或者是不断地开发新项目出来，吸引经销商不断进行资金投入。

（四）利用合同上经销商严禁经营类似产品的问题，保持对解除的主动权

在许多厂家与经销商签的合同中，都对严禁同时经营竞争产品做了明文规定，一般来说，都会写上若是经销商经销类似产品，厂家可单方面解除合同并保留进一步追究的权利。但是实际操作中，经销商有意无意地带点其他品牌的同类产品也是很常见的事情。若是在厂商合作的正常时期，厂家即使是发现了，也就是口头劝说，再发个告知函过来催促一下，也不会追根究底地要经销商彻底把竞争产品清掉。但厂家会进行取证备案，保留证据，待到经销商哪天对厂家已经不存在价值的时候，或者厂家已另寻新欢的时候，老经销商就显得碍事了，而厂家单方面解除合同是要有损失的，就会把这个老账翻出来，说某年某月某日发现经销商严重违反双方所签署的合同，公然同时经销竞争产品，依据合同的第多少条，双方解除合同关系，厂家还得保留进一步追究的权利，就这样合理合法地干掉老经销商。在这里多言一段，这点就像很多企业的财务管理一样，会对每位员工的财务费用报销单进行审核，发现问题的时候并不告诉当事员工（当然不可能是大问题了），而是悄悄地记录在案。等到公司不再需要这名员工时，但因为有劳动法的保证又不能直接开除的时候，就把封存的财务问题拿出来，往往五元钱的财务问题就能很轻松地辞掉一个人，合理又合法。

（五）弱化经销商对其下线客户的影响力

摸清经销商的网络，进行插手管理，淡化经销商对其下线网络的控制权，以建立市场档案系统等为名义，从经销商的下线客户资料建立开始入手，然后逐步地以帮助经销商下线客户解决实际问题为切入点，再延伸到市场费用及政策对经销商下线客户的直接支持，一点点地发展到经销商的下线客户对厂家是言听计从，从中弱化经销商的指挥影响力。

（六）利润控制

价格体系上提前做预留，也就是说在价格体系的设定里面做出年终返利这一块，总体上将经销商的利润侧重放在年底返利，然后在市场推广策略上设定种种方案，诱使经销商快速跑量，经销商为图跑量必然要压缩日常利润空间，甚至是逼使经销商平进平出，到最后只能把利润收获的希望都放在年底的集中返利上，一年下来辛辛苦苦赚的钱却又捏在厂家手里，要想敲打敲打经销商还不容易？

（七）时刻监控经销商的仓库及货物流向

现在比较常见的方法是让经销商定期地向厂家汇报产品的库存状况，但容易被经销商搪塞应付，比较先进的办法是以帮助经销商实现先进的网络化管理为由，建立经销商的商品销售管理系统，再以明的或是暗的接入联网方式，来获取经销商的商品交易流向信息，等于是把经销商经营过程变成透明的，时刻掌握经销商在商品流向方面的动态。

（八）利用KA系统

KA连锁终端系统正在国内的零售市场上风起云涌，并将越来越多地占据主流地位，在许多厂家的KA管理环节中，都是由厂家出面和KA系统谈条款，确立合作关系，具体的商品配送问题都是由各地的经销商来负责的，也就是实现用经销商的现金从厂家进货，再赊销到KA终端，既帮助了厂家与KA系统的合作，又转移厂家经营风险。若是经销商不愿意怎么办呢？这也不难，厂家和当地的KA卖场策划几起故意的乱加价事件就行了，KA终端一乱加价，对经销商所经营的传统渠道和其他客户将会产生很大的负面影响，放心，很快经销商就会主动找上门来要求争取对当地某家KA终端的供货权了，只求厂家出面帮个忙，别再让这家KA卖场再乱加价就行了，这也是比较狠的一招。

（九）预收保证金

当然，能做到这点的厂家并不是很多，但这也是最简单的一招了，毕竟国内还是有不少企业成功地做到了，管理起来自然是轻松许多。

绝大多数厂家也就是靠这些方式方法在控制着经销商，只有控制住了经销商，才能谈到有效管理，才能保障市场及销售网络的稳定，仁者见仁，智者见智，其中的一些方式和手段是否正在各位经销商朋友身边发生呢？下面我们将来谈谈被厂家控制之后的经销商处于一个什么样的局面。

四、厂家对经销商的控制案例

案例

经销商被厂家控制的现状

在华中某省会城市，嘉华粮油公司是当地乃至全省最大的小包装食用油经销商，虽说是当地最大的小包装食用油经销商，其实与嘉华公司合作的厂家只有一家，就是华南著名的A粮油集团。作为小包装食用油行业的龙头老大，其产销量及市场占有率都是位居行业榜首，而A粮油集团一家的产销量就占了全国市场近半的份额，所以嘉华粮油虽说只做A粮油集团一家的产品，但市场占有率和销量也足够让嘉华粮油公司居于本省小包装油市场第一经销商的位子。

今年已经是嘉华粮油公司与A粮油集团合作的第六个年头了，嘉华粮油公司的杨老板觉得这生意反而是越做越轻松了，一切都已经是顺风顺水，厂商之间的关系磨合得精密高效。这不，自己的业务员都是A粮油集团给培训出来的，杨老板自己每季度也会接受A粮油集团所安排的专业培训，最近这两年的培训则由国内转移到国外的高等学府，帮助杨老板从了解中国市场提升到放眼国际市场，杨老板觉得自己的提升和生意的扩大在很大程度上要感谢A粮油集团。

一直以来，A粮油集团并不是把产品卖给经销商们就完事了，而是对整个市场的开拓与销售全过程进行参与和跟进。早在几年前，A粮油集团的驻地机构就定期来统计分析杨老板的库存销售状况，了解销售进度，分析存在的问题，并提出解决方案；今年，又帮助杨老板安装了与厂家联网的电脑网络系统，仓库里当时的库存状况、每天的销售状况，甚至是每一笔货的出货方向都会及时在网络上体现出来，这样一来，A粮油集团驻地机构也能及时地了解业务状况，便于及时调整市场策略和相关资源的投入。

在建立这套联网系统的同时，嘉华粮油公司的客户档案系统又一次得到更新，并全部输入这套厂商连接的网络系统，配合销售监控系统使用。早在几年前，A粮油集团的驻地机构就开始帮助嘉华粮油公司建立客户档案管理系统，并手把手地教会了杨老板的业务员如何收集、撰写、管理、运用客户档案管理系统，并跟进杨老板的业务员及时地补充和更新数据。

除内部管理之外，在对外的业务发展和管理上面，A粮油集团的驻地机构也没少操心。以前主要是靠传统渠道销售，A粮油集团的业务人员不厌其烦地随同杨老板的业务员一起拜访二批商、收集客户反馈信息、制定推广促销策略、跟进活动执行效果。现在，连锁型KA终端的膨胀发展规模与日俱增，终端的零售份额越来越多地被这些连锁型KA终端所占据，小包装油的销售亦是如此。A粮油集团审时度势地成立了全国KA管理中心，将各类外资的、国内的、地方的KA终端系统进行归类管理，并在A粮油集团的区域分公司和各省办事处里设立负责KA业务的专岗专人，形成了一张覆盖严密的KA管理网络。由A粮油集团的KA管理中心负责与各KA系统总部进行统一谈判及签订合作条款，明确了A粮油集团与各KA系统总部的合作关系，具体的供货事宜则转给全国各地的经销商，又由经销商负责对当地的KA门店进行送货及服务，账款由A粮油集团的KA管理中心代为结算，再汇给经销商，经销商们只要按单送货就行了，稳赚A粮油集团返给的配送费，至于卖场乱叫价、排面管理、促销活动安排等令许多供应商头疼的事统由A粮油集团驻地机构的KA专员负责出面办理，杨老板就省心多了。管理好这些喜欢打价格战的KA终端，对稳定A粮油集团在当地市场的价格体系起到了决定性作用。

由于包装油的销售很大程度是通过团购这个渠道进行销售的，厂家又在去年成立了特殊通路管理中心，巡回给各经销商团购市场的开发启动工作进行专业培训，而且，还根据当地的团购市场和竞争状况来核定下拨团购专项资源，专门对一些经销商能接下来却又做不了的大单子进行承接处理，以后只要有这类单子，经销商便可转给A粮油集团的特殊通路管理中心，后面的跟进谈价发货结算等等麻烦的事，都是由这个团购管理中心来处理，经销商在单子交易结束后会按照一定的比例获得返利。

由于市场竞争激烈，没有制作市场促销广告的产品现在很难销售了，A粮油集团在这方面的数年来的工作是很值得称道的。因为市场促销工作是一个系统的工程，涉及市场的调查、消费者的定期抽样调查、线上广告与线下活动的配合、活动的设计、活动的执行、后期效果的评测等，十分的麻烦，而这些麻烦的事都是由 A 粮油集团的驻地机构全部包办了，最多也就是在活动进行时要经销商派个车辆及人员支援一下。这类市场促销活动还会根据市场情况的不断变化进行相应的调整和创新，让杨老板真是省心啊。

按说生意做到这个份上也算是很不错了，又省心钱又不少赚。但是，杨老板有时候想，这样做生意虽然轻松，自己不用操太多的心，但是好像存在一些隐隐的不安，觉得这个生意好像不是自己在做，倒更像是跟在 A 粮油集团后面做生意。在仔细分析了一下现状后，杨老板觉得问题大概集中在以下几个方面。

（1）现在的生意严格地说就是厂家在做，自己好像是厂家的一个大业务员，厂家说往东就往东，往西就往西，虽说这样做是省心省事，照单抓药就是了，钱也不少赚，但是这样几年下来，自己对市场运作反而没主见了，对未来的宏观发展规划反而没有以前清晰了，遇到问题第一个反应就是赶紧向厂家反映情况，等待解决方案。要是厂家突然撒手不管了，自己这生意还能这么顺风顺水地做下去吗？厂家手里的客户资料档案比杨老板手里的还充分，厂家的业务人员也经常随着杨老板的业务人员下去跑客户，与客户们混得很熟，加上市场运作一直是厂家在操心，要是厂家不要杨老板做了，自己搞直销或是换个经销商岂不是易如反掌？

如果厂家换经销商，自己大不了换个厂家，毕竟这几年都是跟在厂家后面做小包装食用油的市场，再换个新牌子的小包装食用油也会操作。但是，如果厂家严格控制经销商不得以任何名义经销代销同类产品，那就直接回绝了杨老板做其他同类产品的可能。厂家对杨老板的销售情况掌握得也很清楚，只要一带同类产品进来，马上就会被发现。还有一点，做别的产品得另外准备资金，说起来这厂家也怪，每当杨老板感觉到手头资金开始有点富余的时候，厂家的进货奖励政策马上就像长了眼睛一样出台了，每次厂家的进货奖励政策一出台，杨老板还是忙不迭地安排打款进货，那点富余出来的资金转眼又投进去了，换来一车又一车的货。这几年，眼看这陆陆续续进到市场的几个牌子包装油都因为厂家的阻隔而没能谈成合作，相继被别的经销商做去了，成为了自己的竞争对手。前年杨老板就因为与一个新品牌的包装油刚刚开始偷偷摸摸地小试一把，可货一动销，很快就被发现了，差点让杨老板丢了当年的优秀经销商奖牌。

（2）自己刚开始做经销生意的时候，还经常跑跑市场，了解一下客户和消费者的反应。可自从与 A 粮油集团合作之后，这些操心跑腿的事都是由厂家的驻地机构代劳了，他们专业经验丰富，调查工具全面新颖，覆盖面广泛，涉及产品价格、包装、广告效果等，且还很有计划性。不像以前杨老板想起来就去看一下市场，想不起来就几个月都顾不上，他们是定期地进行终端调查、消费者调查、渠道商调查，在这些市场调查的基础上，结合总部下达的整体市场发展建设纲要来设计符合本地市场特性的促销推广活动，效果自是显著。由于这个市场调查和活动设计越来越专业，越来越复杂，杨老板和下面的业务人员基本上已经介入不了，反正每次只要听厂家的安排就行了，虽说省事，但杨老板自己对消费者和市场的感觉停留在几年前的水平上，要是以后自己打算有新发展，做别的生意，在对市场的了解和促销活动设计这些方面可就一点都帮不上忙了。

（3）随着市场建设的一步步深化，销量的逐年递增，市场服务的软硬件要求也越来越高了，厂家可以帮助解决软件方面，但在硬件方面得要自己掏银子。为了满足厂家的不断要求，杨老板从当时的四个人一台车一个库已经发展到，七台车、五十多个人、四个驻外机构、五个仓库，这么大的投入也吃掉杨老板的不少利润。但没办法，一方面，厂家给杨老板做了许多分析，指出这是杨老板的销量和利润提升必需的，谁不想多赚点呢？另一方面，厂家也压得紧，要是拒绝不投，估计厂家很有可能另寻他家了，思前想后，也是不投不行啊。

（4）KA终端逐年在占据零售市场的主导地位，可杨老板实际上没有占据这些KA终端，因为是厂家出面与各KA系统的总部签订合同，合作方是厂家和各KA系统总部，而不是杨老板。虽说，自己只要按单送货就能稳赚配送费，账款也是厂家负责给KA结算，自己基本上不担什么风险，但是这总感觉是给厂家打工，自己就是个跑腿送货的。而且，这货可是杨老板花现金从厂家进过来的，再赊销给卖场，自己的资金也给套住了，这样就实现了一个很利于厂家的局面：由经销商掏钱把货买回去，再赊销给卖场，这样，卖场的供货问题得到了保证，厂家并不由此承担一分钱的风险，但把经销商的资金给套住了。厂家与KA终端这么一种合作方式，杨老板自己完全插不了手，也就建立不了与KA系统的合作关系，虽说没有乱叫价、结不到款这样的担心，但同时也失去了学习与卖场打交道的经验与技巧的机会，以后要是另外有产品进入KA又是个麻烦事。

（5）厂家的那个特殊通路管理中心，看起来是个好事情，帮助经销商学习如何开发团购市场，对一些大单厂家还转接过去做，销量和利润都还是算经销商的。但厂家实际上很快就掌握了杨老板的团购市场状况，包括一些主要的客户情况及操作流程，那些超大型的团购单逐渐就掌握在厂家手里了。现在保持正常合作倒是没事，若是哪天厂家换了经销商，客户就全没了。

（6）最让杨老板担心的是开发周边市场的问题，深化开发周边市场倒是个好事情，它能提升市场占有率、巩固地位等，还能有效地阻击新的竞争产品从周边城市切入进来。趁现在许多竞争品牌还陷在中心省会城市市场的交战中，抓紧对周边市场进行覆盖和巩固，抢在竞争品牌前面建设根据地。但是，厂家在这次的周边开发的二批商管理方式上有所区别，虽说厂家对原来中心省会城市的二批商都掌握了相关的资料并定期拜访，但生意毕竟还是杨老板在和这些二批商做，用来控制二批商的返利额度和结算方式都是由杨老板自己操作的，厂家也只是保持一个了解和监控；而这次厂家提出来的新管理模式是真正切入式的管理，除了收集档案资料和拜访这些基本的管理方式，还会切入到具体的利润分配中去，杨老板只负责供货，由厂家来安排调控给周边城市二批商的返利额度和结算方式等。这样一来，这些二批商的上级就由经销商变成了厂家，一旦改变了利润分配方式，这些二批商就很难说以后还会不会听杨老板的了，这种厂家对周边城市二批商的管理方式一旦更加有效，很难说会不会沿用到中心城市来。这样，杨老板在现代渠道就成了厂家的大业务员和搬运工，若是在传统渠道再蜕变成搬运工，这不完全给厂家控制死了嘛。

（一）经销商被厂家控制的小结

从中分析不难看出，包装油销售的三大渠道：KA终端、团购、传统渠道，已经被厂家全部控制在手了，厂家已经建立起与各销售通路的直接联系，并通过强有力且针对性强的推广宣传活动，建立起产品品牌与消费者的良好关系，从而实现了对市场的整体控制。而经销商在中间只是充当了一个搬运工的角色，而且是听话的搬运工。目前，这种管理模式正在被A粮油集团内部改进和推广，越来越多的经销商将由老板变成厂家的大业务员，变成对A粮油集团在进行市场建设时的资源提供者。

（二）经销商被厂家控制的分析

以上这个故事是个典型的厂家控制经销商的成功案例，当然，目前在国内做到这个水平的厂家还是寥寥无几的，但大势所趋，众厂家都纷纷往这个方向在走。随着许多厂家本身的规模扩大，产销量越来越高，与之对应的就要有更高的销量及市场占有率的保证。作为销售渠道的经销商们就得配合厂家对市场战略发展的要求，奋力提高销量，并拿出更多的钱出来进行市场建设方面的投入，从而减少厂家在这块费用上的支出。这一切的前提就是得让经销商听厂家的话，那么，如何才能让经销商听厂家的话呢？那就得威逼利诱，除了正面引导，给胡萝卜吃，更重要的还得对经销商加强控制力度，得有狼牙棒。一般地说，厂家控制管理经销商的步骤和目的大体如下。

（1）以帮助经销商建设市场推动销售为由，逐步介入到经销商的具体销售活动中去，并除了定期地进行档案更新、客户拜访外，还引入与经销商连接的网络系统进行动态监控。逐步左右经销商的市场经营活动，然后通过在KA系统、团购系统、二批商系统的操作，建立相关客户（如KA）的直接联系，并调整分销客户利润的再分配（例如，原来由经销商给二批商的返利改由厂家直接返给二批商），架空经销商，从而实现对经销商的完全掌控。

（2）市场建设需要持续的资源投入，厂家在市场推广的初期是要花不少钱投资的，但市场已经基本成型之后，这个费用问题厂家就得动脑筋让经销商承担了，厂家会逐渐地将市场的投入费用转嫁到经销商头上，正面诱导和负面逼使经销商进行投入。随着市场竞争的加剧，后期的市场维护费用是一笔极其昂贵的费用，厂家会逐步通过种种手段来让经销商承担，并且通过阻止经销商承接同类产品和及时制定进货奖励策略，来及时吸空经销商手中的富余资金，让经销商有心无力，或者直接让经销商无心无力做更多的产品，确保经销商集中精力、物力、财力做好本公司产品的销售工作，避免经销商的资源被其他产品所稀释。

（3）最重要的一点是，厂家的一切市场操作行为都是为了两个核心目的，一是掌握所有的销售通路，二是打造品牌竞争力，弱化经销商的渠道推动影响力，实现产品依靠品牌在渠道中的拉动流通，而非经销商的影响力。换句话说，渠道商、零售商、消费者最终认的是产品品牌，而不是商家的推荐。不断打造消费者的忠诚度与知名购买率，从而从根本上稳定产品的销售量和市场占有率。

在厂家对经销商的控制管理策略中，每年都要玩表彰正面典型和处罚负面典型的把戏，左手高举胡萝卜，右手高举狼牙棒，目的在于鼓动并警告经销商，好好听话。前者前景光明，后者万丈深渊，这一正一反很快把经销商们收拾得服服帖帖。

第三节　厂家化解经销商的抱怨

一、厂家化解经销商抱怨的策略

许多人小时候有个经历，在家牙疼、头疼、肚子疼，被家长送到医院以后，一看穿白大褂的医生护士，一闻到医院特有的来苏水味，就什么事都没有了，那时候感觉挺奇怪的。怎么一到医院就没事了呢？

后来笔者在20世纪90年代初期开始做经销商，在日常与厂家合作中自然也是出现不少衔接不上或是扯皮的事，往往是小事变大，大事更大，怎么看都觉得是厂家的问题，厂家却死硬着不承认，实在是让笔者憋了一肚子火气。可这离厂家那么远，天天给厂家老板打电话也不是回事，就指望去参加厂家的经销商年会时一吐为快。可是，也不知道怎么回事，每次去厂家参加经销商会议时却觉得这些问题说出来没什么意思，甚至有点拿不上台面，一肚子怨气到了厂家那里反而没脾气了，与小时候如何去医院的事情如出一辙。

这是咋回事呢？后来自己到企业上班，正好又是做经销商管理这块工作，自然开始琢磨这个事了，但还是发现不了核心原因。每次在经销商会上很少看到经销商抱怨发牢骚，而每次自己出去走访市场的时候，却经常听到经销商的抱怨甚至投诉，常常满腔怨恨三天三夜也说不完。笔者不禁就问这些经销商，每次开经销商会议你怎么不说呢？经销商们大多表示县官不如现管，找老板说了也没有用，再说了，那种场合说这些鸡毛蒜皮的事也没意思。研究来研究去，笔者也没把这个问题搞明白。

直至笔者自己开了家公司，也开始发展经销商，也要面临经销商的管理问题的时候，才发现这里面的门道所在，果然要多换几个角度才能把事情看清楚。下面，笔者就为经销商朋友来分析这里面的根本原因所在。

作为厂家的决策者，这些投诉和抱怨在经销商还没表达出来之前，大多就已经考虑好了对策了（这也是厂家对付经销商的绝对优势之一，许多事情厂家可以做到事先考虑、事先准备）。这些主要的投诉及抱怨内容（见表6-1），厂家决策者一般会进行全部分列，明确每个投诉抱怨事件的性质与处理方式。如果是因为维护厂家利益而损害经销商利益出现的投诉与抱怨，那一般都是打个哈哈，敷衍了事，毕竟每个厂家的资源都是有限的，不可能满足所有的经销商对投入资源的要求，出于管理的关系，也不可能对所有经销商都一视同仁，至于产品策略与管理模式都是根据厂家的利益点来出发设计的，不可能为了方便经销商而更改的。至于厂家的业务人员问题嘛，厂家心里自然有数，犯不着经销商来教厂家高层如何管人用人。

表6-1　经销商对厂家抱怨投诉的内容

按抱怨投诉主体分类	抱怨投诉的内容
投诉厂家的业务人员	1.厂家业务人员做出维护厂家利益却损害经销商利益的行为 2.厂家业务人员做出维护个人利益却损害经销商利益的行为 3.厂家业务人员做出维护个人利益却同时损害经销商利益和厂家利益的行为
投诉厂家主体	1.抱怨厂家产品不适合当地市场 2.抱怨厂家的管理模式不适合经销商的商业营运 3.抱怨厂家缺乏足够的市场投入资源 4.抱怨厂家对经销商所投诉反映的事件回应速度慢 5.抱怨厂家对待客户不是一碗水端平

只有是真正涉及了损害厂家利益的投诉和抱怨，厂家才会采取相关措施。当然了，即便是要处理，也不会做到及时反馈及时处理，有意地打击经销商上书投诉的热情，因为厂家对经销商的管理根本是要经销商听话，而不是要这些经销商天天给厂家挑毛病找意见的，绝不能助长经销商这个动辄上书投诉的毛病，最好是给我安安心心地做销售，别把精力和注意力放在这些负面问题上。并且，若是厂家高层对经销商的投诉和抱怨问题反应过于积极，也会影响业务人员的工作热情和积极性。

若是在厂家高层的市场巡访中接到投诉和抱怨，其影响面倒也不大，若是在经销商集中的会议上出现投诉和抱怨就不好了，这将直接影响其他经销商对厂家信心及后期合作，厂家高层心里清楚，这些经销商在来参加厂家的经销商会议前，大多都是将需要投诉和抱怨的内容都想清楚的，有的经销商还会打印成书面材料，就等着在会议上找机会"开炮"。

那么如何才能把经销商打算在会议上的投诉欲望扼杀在摇篮里呢？一般来说，以下几种方式比较常见，各位参加过厂家年度会议的经销商朋友可以回忆一下，有没有过类似经历。

（一）要面子

树活一张皮，人争一口气，经销商老板也是老板，也算是进了有钱人的圈子，面子自然要比一般人大些，万万不可丢了。反过来说，为了保持不丢面子，有些打碎牙往肚里咽的事，也算是常有之事。许多厂家的经销商会议往往就在刚开始的时候，把几个可能会"开炮"的经销商捧到天上去，赞誉之词如滔滔江水般连绵不绝，或者送上一个惊喜，从实物奖励和数块铜皮牌牌（上面一般印有优秀经销商、十佳经销商、杰出经销商等字样），让经销商们实在不好意思撕破脸来指责抱怨厂家这样不对那样不好。

（二）转移注意力

经销商经常是为了一些鸡毛蒜皮的事情与厂家纠缠不清，许多厂家一般并不就事论事，而是抛出一个新的东西转移经销商的注意力，比较常见的是厂家高层单独约见一些比较难缠的经销商，抛出一个美好的大馅饼出来，一般内容有：厂商合伙成立新公司，或是合伙进军新项目，或者是做点香港恒生指数及期货什么的，新领域、资本运作、国际化发展等美丽的高级肥皂泡一个接一个地冒出来，一般只顾在自家门口那二亩三分地忙活的经销商们自然是感觉到进入一个高档次的新天地，再一回想那些日常合作中鸡毛蒜皮的事情，顿时觉得提出来一点意思也没有了，甚是无趣，随即按下不表。或者会在经销商大会上大谈厂家未来的宏伟战略规划，以及新领域的进军计划，并捎带着强调一下厂家目前的资本实力有多么雄厚，同样也可以有效地把经销商的注意力吸引到今后的宏伟蓝图上去。

（三）逼使你自己找原因

厂家经常会在会议上安排一些样板经销商发言，这些经销商往往都是资源或是环境都比一般经销商还要糟糕（当然大多是厂家策划安排的），但却因为与厂家的优良合作（也就是听厂家的话）而取得了较好的收益。逼使许多各方面基础条件还不错的经销商很难再把一些所谓厂家投入资源不足、市场基础差的抱怨说出口了，转而会在老板自己的经营管理上找问题点。

（四）让你自惭形秽甚至自卑

人在底气不足的时候，自然不会挑三拣四的，也自然不会提出什么抱怨投诉了，许多厂家就是要通过种种手段，从气势上压倒经销商，从会场的布置到VIP级的接机、酒店安排等细节上，再加上超级大经销商的强大资本及巨大销量对比，反衬出一般经销商自己在文化修养、水平层次、鉴赏能力、出入高档场合的表现，乃至个人资本实力等方面自愧不如。

一般来说，厂家为了阻止经销商在年度经销商会议散布一些不利于厂家言论，大多都会采取一些方式方法来进行提前预防，以上所列的几种方式只是部分而已，其核心就是干扰、打乱经销商原有的表达甚至发泄计划，争取把经销商会议做成成功的大会、胜利的大会、继往开来的大会。当然，作为经销商而言，面对厂家中高层几十个脑袋琢磨考虑出来的种种应对之策，很难能进行正面突破，唯有冷静、冷静、再冷静，毕竟一年到头也见不了几次厂家高层，更何况厂家各大部门都同时在场。这可是解决问题的最佳时机，切莫让厂家灌了迷魂汤而放弃了这个好机会，许多问题该提的还要提，只不过要注重两点，一是要提前到，提前约见厂家高层，趁这个机会，把问题都倒干净；第二点还是那句话，冷静、冷静、再冷静。

二、厂商的矛盾集中点

案例

日历夹上，又一张日历被撕下，已经是9月10日了，离国庆节只有不到三周的时间了，山东QH花生油公司的杭州区域方经理看着被撕下的日历，又开始头疼了，越来越短的时间！进展缓慢的团购进度！今年的国庆节档期估计是要完了！5月份临来杭州市场前当着公司总裁的面许下的诺言要失信了！市场做不起来，今后还怎么在公司里待下去？

做过小包装食用油行业的人都知道，国庆节这个档期的团购业务量差不多占了全年销售的三成以上。一般来说，在这个国庆节档期里，许多企事业单位是把中秋和国庆的福利品压到一块发的，基本上在国庆节前三四周开始选择供应商选择品项，前一两周正式确定采购关系，可现在离国庆节已经不到三周的时间了，方经理从QH花生油杭州经销商赵老板那里转来的团购意向采购单还不到十笔，总金额才区区20万，这与当初预计的150万团购销量差得也太大了，眼睁睁看着这日子一天天过去，其他品牌包装油都在忙着全面出击，争抢团购订单，方经理能不头疼吗？

按照操作步骤，这个时候就是经销商大量备货的关键时期了，厂家也会出台相关的备货奖励政策，促使经销商加大备货量。经销商这时应最大限度地吃货，然后再把货转压到渠道上，压满各个分销商及二批商的仓库，逼着各分销商及二批商想方设法去开拓团购销售渠道。与此同时，厂家将进行线上媒体的集中投放，保持一定密度的轰炸，轰击市场，产生品牌影响力和终端拉力，厂家与经销商合力冲击销量。特别是QH公司的花生油产品在杭州市场还处于市场的推广期，更需要团购来实现与消费者的初次接触。QH公司为了尽量刺激通路，今年QH公司已经达到了史无前例的百送六的标准（就是每进一百箱的货，额外赠送同类产品六箱），同时，也没有吝啬广告费，除去中央台的高密度广告投放外，单独在浙江卫视又投了十多万，但是，作为QH花生油杭州区域的总经销商赵老板，却总共筹措了不到四十万的资金来备货，满打满算才三卡车，怎么可能完成国庆节的备货任务，完不成备货任务，又怎么能完成销售任务。方经理不止一次地催促赵老板增加备货量，可赵老板总是手一摊："没钱啊，银行现在又贷不出来款，同行拆借也很困难啊。"由于只压了40万的货，赵老板也没有多大的库存压力，下线客户就更没有压力了。赵老板的确也没多少钱，粮油的利润薄，行情变化大，稍不注意就会掉进去。赵老板做生意一贯小心谨慎，这些年虽说安全第一，但没赚到什么大钱，按照赵老板自己的意思就是只要比上班强就行了。按说这样资金实力弱且与公司配合意识差的经销商早就该与QH公司解除合同了呀。但是，在三年前，QH牌花生油刚打入杭州市场，基本就没有什么品牌知名度。当时QH公司也没多少钱，还没开始在中央台打广告，加之杭州区域历史上就不吃花生油，从经销商到终端到消费者，接受度都很低，甚至有排斥，QH公司的市场开发代表在杭州待了两个月都没找到经销商。后来一次偶然的机会，做粮油的经销商赵老板表示有点兴趣，说考虑尝试着做做吧。QH公司的市场开发代表像看到救命稻草般地紧紧抓住不放，几经接触沟通，赵老板逐渐明确经销意愿，但提出个条件，经销合同要一签五年，不管以后怎么样，五年之内，杭州区域的总经销权不能给第二家，并且包括QH公司的后续产品，也不能由QH公司进行直销。当然，赵老板也保证当年不少于100万的销量，并保证以每年20%以上的销量递增率。基于QH公司当时在杭州市场处于完全一片空白的状况，这条款虽然苛刻点，但当时看来已经不错了，很快，公司总部同意，白纸黑字，一口气签了五年的合作合同。没想到的是，实际上的市场状况发展都超过了赵老板和QH公司的想象，花生油在杭州的市场异乎寻常地扩大起来，到2003年，杭州区域花生油的市场容量已经达到了上千万的总销售额。可由于这几年赵老板的实力并没有多少提升，虽说对QH花生油的资金及运作上有所侧重，每年也能做个一两百万的销量，但与上千万的市场容量比起来差多了，赵老板的全部流动资金也就七十来万，即便是全部放在QH花生油的运作上也不够，更何况赵老板还有别的项目要经营。眼见着花生油市场迅速膨胀，赵老板这边却不温不火，QH公司杭州区域的历任经理心里那个急啊，逼着赵老板增加铺市面，尽快进大卖场，增加备货，确保终端的供货正常。可赵老板手一摊，我没钱啊，要不你们厂家给我放点账，放我个300万的账，我保证把杭州市场给做起来，可QH是严格执行先款后货，想放账？没门！赵老板又说了，那没办法，市场这么慢慢做也挺好呀，包装油是长线嘛，那么着急干什么？QH公司的历任经理们一听这话更上火，可也没办法，谁叫以前的公司代表与赵老板签了长达五年的超级经销合同呢，现在赵老板可是严格按照合同办事，每年的递增率绝对在30%以上。虽说现在杭州区域每年做二百多万元的花生油很轻松，但要是由赵老板这么做下去，合同期满的时候，杭州花生油市场也就给那些包装油列强们瓜分得差不多了，没有QH多少份额了，尽管QH花生油是第一个进入杭州市场的，但现在的市场表现却是最差的。要是按照方经理的意思，干脆找个理由把赵老板踢出去重新找经销商，反正现在手头也有几个大的粮油经销商一直对QH花生油很有意向，但被赵老板一直占着，并且按照合同规定，QH的其他后续产品也得交由赵老板销售。没办法，有合同呢，要是来硬的，单方面中断合作关系，公司的商业信誉也就算是完了，以后谁还敢和单方面撕毁合同的厂家做生意啊，困难重重，怎一个难字了得。

无独有偶，QH公司在沈阳的经销商张老板最近也与QH公司的驻地分公司闹得有点紧张。原因很简单，QH花生油当时在沈阳市场是靠团购做起来的，张老板的成功也就是靠手里握着一张遍及沈阳的团购客户名单，每年QH花生油的销量有八成都是靠团购出货的，就这么做了几年，却也风平浪静，业务稳中有升，QH公司的驻地机构也落个舒服，反正每年就忙几个团购旺季，在非团购旺季的时候，维护批发市场和粮油店的价格体系，免得到团购旺季的时候影响团购市场的操作。但从去年开始，沈阳的市场结构发生了变化，外资的、内资的连锁大型卖场纷纷在沈阳开设门店，越来越多的消费者开始选择去购物环境整洁美观的大卖场购物了，在小包装油的销售方面对传统的粮油店冲击很大，更重要的是，这些大卖场也开始尝试着进行团购业务。QH公司的新任经理敏锐地感觉到市场不能再照以前的样子做下去了，必须迅速转变思路，杀进大卖场，一方面是迎合消费者的购物新习惯，另一方面从卖场这个角度来堵住团购的新动向；而张老板却不这么认为，他认为团购生意就是依靠客情关系，这些新开的卖场在当地又没有多少客情关系，是不可能做好团购生意的，再者，花生油在沈阳不属于日常习惯油种，居民的日常使用量很小，花那么大的代价进入卖场根本没有必要，这些大卖场还很喜欢打价格战，特别是粮油类产品，万一将QH的价格体系破坏了，这团购生意也就没法做了，所以张老板三番五次地拒绝了QH公司要求他尽快进场的要求，由此导致厂商双方的矛盾日益增大。厂家气的是现在市场环境已经变了，张老板还死脑筋，这以后的生意还怎么做下去。随着企事业单位采购的日益透明化，原来那种暗箱操作性的交易方式做不长久的，与其等到生意没得做再想办法，为什么不早做准备，未雨绸缪呢？诚然，现在花生油的确不是沈阳市场的日常习惯使用油种，可这正需要我们进行推广宣传。厂家最重要是的是市场，是培养消费者，前期把市场工作放在团购上也是利用团购这个平台来推广花生油，而不是仅仅为了那么点销量，现在有了卖场这个更好的推广平台，当然要好好利用了。可张老板非要坚持原来的政策不放手，由于有合同在先，QH的驻地分公司也只能是干着急。

大家不难看出，杭州的赵老板是因为没钱，沈阳的张老板是因为思路和厂家合不到一块来，所以在厂家眼里就成为了不受欢迎的经销商，要不是有合同在先，厂家早就把这两个经销商给甩了。

厂家之所以找经销商，是因为看中了经销商的软硬件资源。硬件就是经销商手里的钱、仓库、人员、车辆、分销覆盖网络、市场服务能力；软件就是经销商正确的、科学的发展意识，对厂家要求的响应和配合度（简单点说就是听不听话）。厂家最喜欢的是听话又有能力的经销商，这两点缺一不可，再简单点说就是四肢发达头脑简单的经销商，这是最好了，甚至可以说是极品经销商。按说厂家当初挑选经销商的时候也是按照这两点来的，但事事难全如愿，事情的发展总是出乎人们意料，厂家与其签约经销商合作不佳，互相埋怨互相指责，乃至大打出手的情况也并不罕见，那么，原因出在哪里呢？为什么厂家当初找经销商的时候就没察觉出来经销商有这样那样的毛病呢？笔者做了一些收集整理，大体的原因有以下几类。

（一）经销商硬件方面的原因

1.厂家规模做大，小经销商资金实力不足

在进行市场开发时，当时厂家的规模还小，没有强有力的市场支持，大经销商没有兴趣，只有找些小经销商做，后来待厂家的规模做大了，对经销商的资金实力要求高了，而某些小经销商的资金实力也已经不能满足厂家的基本要求了。

2.经销商实力虚报

厂家的经销商开发人员为完成经销商的开发任务，虚报经销商资料，放大经销商的实力，促使厂家同意经销合同的签署。后期进入实质性运作时发现经销商的实力不够，但由于合同已经签署，只有勉强合作下去。

3.厂家飞速发展，经销商却停滞不前

厂家发展迅速，对市场建设服务的要求越来越高，而经销商却由于种种原因停留在原有水平，导致经销商无法有效地执行厂家所计划的市场动作，从而对市场产生较大负面影响。

4.经销商资源丧失，短期内难以恢复

经销商遭遇意外变故，失去原有的资源和实力，短期内又恢复不了。

（二）经销商软件方面的原因

在厂家看来，经销商的实力与能力只是一个方面，还有一个重要方面是经销商的软件，就是是否有科学的未来发展意识，因为绝大多数厂家在对市场未来发展的问题上都是在不断学习提升和进取。如果经销商的思想还停留在满足现有状况的层次上，必然很难理解厂家不断推出的新战略和战术，思想上达不成共识，在行动上就不可能一致，思想不但导致了行动，还导致了与厂家对问题理解上的不同。

1.厂商双方对销量与利润之间关系的理解有偏差

厂家往往要出量，强调市场占有率，强调销量带来规模优势，要求经销商降低单品利润而放大销量；而经销商更愿意维持在一定量的水平上，稳定目前利润的收益，利润第一，销量第二，也不乏有经销商故意放缓销量的增长率，来争取厂家更多的资源投入。

2.厂商双方对市场建设或是协同作战理解上的不同

厂家一直强调的是打造一套适合厂家控制和产品销售的市场销售网络；经销商则看重手头的销售网络会不会被架空，从而淡化自己作为中间纽带的作用，有意无意地抗拒厂家安排的市场活动。

3.经销商不具备足够的发展意识，更愿意保持现状，不想配合厂家的提升或调整

厂家的学习进步速度要比经销商快得多，即便是同时起步的厂商也会存在着很大的差别，往往最终的差距不是实力的差距，而是思想观念上的差距，思想导致了行动，行动决定了结果。一方是厂家企业化运行，重在学习与提升，注重发挥群体智慧；一方却是经销商单兵作战，小能人式的运作思想，重在自己以往的操作经验，排斥新东西和学习。

4.厂家是市场动作的设计者

经销商往往要承担其中相当一部分地面市场动作的执行工作，如果双方在理解上出现不一致，经销商就不可能来配合厂家的地面市场动作，厂家的空中媒体投放所产生的效益若是没有足够的地面市场动作来对接，所产生的浪费是巨大的。

在经销商出现了实力或是思想上的差距后，厂家不可能长期与这些经销商耗下去，毕竟竞争对手每天都在进取，市场每天都在发生变化。为了尽可能地减少这些不合格经销商所带来的拖累，厂家都会想方设法提前解除合同，甚至会策划安排陷阱，诱使经销商钻进去，从而获得足够的理由来提前解除合同。再者，现

在的厂家与经销商签经销合同时，基本都会注意三点问题：一是经销区域尽可能地小，以前动辄出现的全国总经销、全省总经销现在是越来越少见了；二是经销时间一般也就一年左右，两年以上的合同都极其少见了；三是厂家会在合同中预设地雷，特别是在冲货、递增率、保证金等方面做些手脚，在正常合作的时候都没事，一旦经销商不再受厂家器重和欢迎了，即刻启动这些预设的地雷，在很短的时间内合理合法地解除与经销商的合同。

总体上而言，相对厂家来说，经销商或是实力能力不够，或是在理解方面以及思维方式上有差距，但短期内却又解除不了合作关系的经销商，都成为厂家眼中最不受欢迎的经销商。各位经销商朋友需要注意的是，一方面，要跟紧厂家的动作步伐，不断地学习与提升自己，经常检查自己与厂家有没有硬件对接或是软件对接上的差距，发现问题及时调整，为时未晚。另一方面，在对下线渠道的掌控要做得彻底，下线渠道是经销商赖以生存的根本，一旦被厂家摸透架空，那自己好不容易获得的经销权也就具备了随时被厂家收回的可能了。

三、厂家惧怕哪些类型的经销商

厂家与经销商若是双方好好合作，厂家跑量赚规模效益和品牌认知度，经销商赚销售利润和强化网络，双方相得益彰，共同携手发家致富。可事实上没这么简单和平静，现在很多厂家怕的不是经销商把产品卖不好，而是怕经销商太聪明，把厂家的那点对经销商的控制策略都看透了，不但有效地躲避了厂家的控制策略，还能掉过头来反控厂家，聪明的经销商往往把市场和销售的主动权控制在自己手里，并且在一定程度上遏制了品牌对销售的影响，这也就是控制了厂家在这个市场上的发展命脉，逼使厂家给经销商放出更多的利润，或者干脆把厂家当成经销商在更大程度上发展的垫脚石和工具。去年甚至有某厂家高层在一次论坛上放言：厂家最大的竞争对手其实是经销商。不可否认的是，厂家和经销商之间除了合作还有对立。这年头，无数的经销商为了厂家的发展和前进作出了巨大的牺牲和铺垫，当然，这些牺牲和铺垫都不是经销商自己愿意的，而是被厂家设计了，反过来说，厂家被经销商玩死套牢的也不在少数。商业活动嘛，就是这么回事，东家不倒，西家不发。

笔者在以前有篇文章中谈到过：厂家最喜欢四肢发达、头脑简单的经销商，他们听厂家的话，又有实力去为厂家卖力气；厂家最讨厌的经销商是四肢无力却又头脑简单的。那么，厂家最怕什么样的经销商呢？笔者认为，厂家最怕的是四肢发达且头脑又发达的经销商，下面有两个案例能说明一些问题。

案例一

20世纪90年代中期，台湾曾有个很有名气的某品牌绿豆沙进入大陆市场，由于这个产品概念新颖，又凭着当红歌星潘美辰所拍摄的广告片在中央台连续投放，很快吸引了全国各地的大批经销商经销该绿豆沙产品，迅速地在国内饮料市场掀起一阵热销浪潮。该绿豆沙在福建某地的经销商蔡老板见此产品市场前景广阔，便动了心，经过一番市场调查后，蔡老板有个大胆的想法，利用这个台湾品牌所开创出来的市场空间和销售网络，自己生产类似产品进行销售，这样赚取的利润将是做经销的许多倍！说干就干，蔡老板在当地工商部门注册了与该台湾品牌绿豆沙名称极为相似的商标，又找了个当地的食品工厂给他进行代加工生产。首批的产品出来后，蔡老板首先在自己的通路里进行试销，由于产品包装接近，口感区别也不是非常大，关键是价位要比那个台湾某品牌的绿豆沙便宜很多，这样留给渠道中间商的利润就要大出很多出来，引起了许多分销商的兴趣，纷纷进货销售。很快，这个福建产的绿豆沙迅速占领了福建市场，逼使那个台湾品牌的绿豆沙销量直线下降。紧接着，蔡老板开始往周边的广东浙江等相邻省份拓展，成效显著。这时，恰逢这个台湾品牌绿豆沙公司召开全国经销商工作会议，蔡老板便充分地利用这次绿豆沙经销商高度集中的机会，悄悄地获取了全部经销商的联系方式，迅速派人对这些经销商进行推销。由于绿豆沙的市场打开不久，许多消费者还停留在只知道买绿豆沙，却很难辨清品牌的阶段，加之蔡老板的绿豆沙从包装到口感都不差，关键是利润要比那个台湾货高多了，于是，台湾绿豆沙在全国各地的经销商有2/3以上开始经销蔡老板的绿豆沙。短短两个月以后，台湾品牌绿豆沙的销售已经是岌岌可危了，其公司高层大怒，经过一番调查取证后，起诉了蔡老板。可是蔡老板的生产商标注册等政府手续全部齐全合法，台湾厂家也没办法，只有宣布取消蔡老板的经销权，在媒体上刊登了请认明正宗绿豆沙之类的宣传，但是已经回天无力了，半年后，该品牌绿豆沙彻底退出大陆市场。

案例二

我国靠近朝鲜的某边陲城市，人员来往密集，作为交通重要枢纽的汽车火车站对方便面的销量较大，也是几大方便面厂家的必争之地，经常是为了张贴POP拉个横幅，两家方便面公司的业务员大打出手。当地最大的方便面经销商金老板心生一计，以另外一家公司的名义出钱买断火车站和汽车站的方便面销售权，不管是什么方便面，都得经过金老板这家公司的许可后才能销售，并且，所有关于方便面产品的宣传和促销活动也是如此。金老板的公司在与这两家车站签署合同后，然后掉过头来向各方便面厂家收钱，定期地收通路维护费用，不然的话，不管你是多大牌的方便面都得被清出场。由于车站码头是属于方便面销售的特大通路，销量大且稳定，是必须要争取的，现在通路被人家买断了，只有交钱进场销售了，这些厂家无形中就被蔡老板剥了两次皮。无独有偶，杭州也有个著名的酒水经销商买断了杭州市区七成以上的酒楼，所有的酒水产品必须从这个经销商这里经手，这样一来，不管你是多厉害的酒水牌子，要想在杭州进酒楼销售，就得给这家公司通路费用，许多厂家气得牙根痒痒，却也没办法。

厂商之间既有合作又有斗争。厂家的产品最终要通过中间的种种渠道传递到消费者手中，这些渠道当然是越顺畅越好，当这个中间渠道已经在经销商手里形成了某种单一性和独有性时，或者说厂家对经销商所拥有的中间渠道已经失去控制时，无形之中对厂家就是一个潜在的威胁，有些经销商就是利用了这点，借此痛宰厂家。

在日常的厂商合作中，厂家对有头脑的经销商特别紧张，因为这些经销商能充分发挥自己在当地市场的资源优势，反过来控制厂家，使厂家失去了该市场的操作主动权，或是需要增加更多的经营成本。具体的表现类型有以下几种。

（1）经销商通过有效的管理和利益均沾，把渠道和客户都抓在自己手里。让厂家摸不着，进入市场就必须要通过经销商这个关卡，或者说要付出更大的成本；经销商实现了对当地销售分销网络的控制，不通过这家经销商，厂家的产品就无法进入市场销售。

（2）经销商控制了一定的封闭终端，而这些终端又是这个厂家产品销售的必经渠道。例如，方便面在车站码头，白酒在酒楼，小包装油在团购市场，等等。

（3）经销商学会联合起来争取权益，和厂家来谈价钱谈政策，这对厂家的威胁更大，处理不好，厂家就会面临着损失大片市场的危险，并且在行业内对厂家产生冲击和负面影响。

（4）经销商具备对当地行业市场的影响力，具备在行业内对下线渠道及终端的产品推介力，这样，经销商很自然就会联系类似产品的厂家来形成产品的组合，还能有效地牵制住各个厂家，冲淡厂家进行品牌宣传的效力，使得下线客户进货时重在经销商的产品推荐，而非厂家在广告宣传上所投资产生的品牌拉力，并且对厂家在某块区域重新寻找经销商产生很大的阻碍作用。

（5）对经销商的日常管理更多是依靠厂家的驻地机构，要是经销商把厂家的驻地机构摆平了，厂家种种执行要求得不到及时有效的执行，或者驻地业务人员和经销商联手向厂家总部诉苦水要资源，这个驻地机构也就成了摆设或者说是成为经销商控制厂家的帮凶，这也是许多厂家轮调驻地机构人员的主要原因之一。

（6）对产品的复制能力，前面所说的绿豆沙就是一个例子，特别是在快速消费品行业，产品的技术门槛都不是很高，中国的加工印刷业也都很发达，生产加工很是方便，利用厂家前期进行的市场培育基础，控制厂家的正品产品销售，重点推荐自己的复制产品，极大地缩短厂家的产品寿命。厂家"栽树"，经销商"摘果子"。

经销商是产品流通的中间渠道，衡量这个中间渠道价值的重要标尺线就是渠道是否顺畅，当然，这些顺畅是要以经销商的资源实力和良好的经营意识作为保障的。厂家的如意算盘是渠道要顺畅，产品能迅速地下去，下到终端。厂家销售部门的工作就是确保这个流程要顺畅，确保产品能迅速地流到终端，而市场部的工作就是针对消费者制造影响力，使消费者在终端产生对产品及品牌的指名购买，从而以终端为起点，逐渐上延，同步产生拉力，广告拉动消费者，消费者拉动终端，终端拉动二批商，二批商拉动经销商，逼使经销商不得不服从厂家。如果经销商在当地的行业市场里已经具备相当的影响力和产品推介力，厂家的如意算盘将全部落空，市场部的广告费也就算白掏了。

关键是，企业是靠产品生存，靠经销商把产品铺到市场上去，再靠品牌来推动产品的销售，厂家控制着头（产品）和脚（品牌拉力），中间这块腰（渠道）得和经销商合作，当然厂家要是能把这个腰控制在自己手里，那安全系数就要大很多了，可经销商也没这么傻，这个渠道是经销商自己一手培养打造出来的，岂能让你厂家轻易控制了？所以经销商会把渠道看得很紧，一定程度上形成独有的封闭渠道和终端，逼使厂家不得不低头，不但如此，一些经销商还会逆流而上，把手伸到厂家的产品方面，来个鸠占鹊巢，更是叫厂家叫苦不迭。

四、厂家如何对待串货时的经销商投诉

许多经销商在本经销区域遭遇冲货后，大多都是以电话或是函件的形式来向企业反映情况或是表达不满，厂家在接到经销商的投诉后应及时有效地给予复函，并随即展开事故的调查程序。笔者在企业任职期间，处理过不少类似的串货问题，将一些处理经验总结出来，以供各位读者参考。

（一）如何给经销商进行复函

1.明确复函的首要目的

一般来说，遭遇串货侵害的经销商往往也具备把货再窜出去的能力，为了控制事态的进一步扩大，这个复函的首要目的是稳住经销商情绪，防止经销商出现报复心理，干出以牙还牙的事来。那么，这个复函的速度要快，签发人级别要高，明确地表示厂家高层已经接收到这个信息。

2.感谢经销商

感谢经销商及时反映出这个厂家总部当前尚不知道的情况和信息，从这点上给经销商解释一下这个串货绝非厂家总部的意图，而是事出意外。接着再把经销商表扬一遍，因为经销商之所以向厂家总部反映情况，至少说明这个经销商对产品及厂家还是比较重视的，还是愿意继续良性发展合作下去的，在这时多说些温暖人心的话，别冷了经销商的心。

3.表明态度

从经销商把投诉信直接发到厂家总部来看，也就说明了经销商在厂家的驻地机构那里并没有寻求到很好的解决方案，才转而找到了厂家总部，那么厂家在复函中就得把握好这个问题。笔者认为，在问题没有搞清楚之前，不要轻易地乱打自己的"孩子"，也许这次串货是经销商自己演的戏呢？厂家在态度的表明上应该强调即刻办理、查清事实、公平合理解决等主导思想。

4.在复函的最后，适当回顾一下以往（愉快的）合作历史

再一次强调证明，厂商之间不但有良好的合作历史，还会有更加美好的发展前景与未来，现在出现的这点问题只是发展过程中的一点小坎坷，瑕不掩瑜嘛，不至于影响大局，潜台词是大家都要有长远眼光，别在这种事情上没完没了。

（二）进入事情的解决程序

虽然串货也算是个老生常谈的问题，但每一起串货的案例应该都有其独特性，不可能是某一类原因造成的，这里有个简单的分析表格，见表6-2。

表6-2　串货原因分析表

第一方厂家驻地机构的题	第二方串货方的问题	第三方被串货方的问题
是否是厂家驻地机构故意安排的？	是不是因为被串货区域的价格体系过高？	是否是被串货区的经销商因为正常销售而主动来进货的？
是否为厂家驻地机构的个人行为？	是否对厂家心存不满而采取了报复？	是否是被串货方因为竞争的原因而主动进货的？
在此之前有无采取预防措施？	是否为了跑量？	被串货方有没有被第四方利用和指使的可能？
事发后有无迅速采取补救措施？	是否为了带货？	
所采取的措施在落实过程遇到哪些问题？	是否是其下级经销商的行为？	

只有把这些问题都搞清楚了，才能有效地采取措施。简单地说，这个串货基本可分为主动串货和被动串货两大类，串货的主体又以经销商的下线经销商为主，比如说二批商、分销商或是较大型的终端。作为厂家的一级经销商的市场建设和长远发展意识相对还是好一些的，加之厂家也会有一定约束和控制，万一发生经销商串货，还能通过摆事实讲道理与合约条款控制相结合的方式来进行劝阻和处理。而经销商下面的下线经销商就管不了这么多了，又没有厂家的约束，爱怎么做就怎么做，只要有钱赚就行，哪管那么多市场管理的条条框框，且彻底杜绝的可能性也不是很大，比较实际的做法是尽量缓解，增加其串货的难度和成本，从利益的角度来组织这些下线经销商们放弃串货。那么，如何增加串货的难度和成

本呢？采用条码方式来明示产品的法定销售区域，这也是控制手段的一种，但对操作的系统性（物流、查询、仓储、生产）要求比较高，实际操作起来有一定难度，这里笔者有个经验供大家借鉴一下（见表6-3）。

表6-3　二批商串货应对表

增加难度	增加风险	增加成本	增加合作风险
采用最简单的箱体敲章的办法，在厂家发货时在箱体上的六个面都敲上地区章	厂家与经销商共同宣布，对进行跨区销售的产品不承担售后服务和相关的产品质量处理	经销商不提供转送服务或运费补贴	发现串货将取消对二批商的年度返利和新产品的前期进货权

当然，最能解决这个问题的往往是厂家驻地机构的业务人员，因为毕竟只有他们最熟悉市场情况，熟悉经销商，但如何有效地调动他们的积极性又是个问题，下面的办法可以试一下。

将冲货的两个区域经理进行职务互换，或者是将串货区域的经理月度或季度奖金转给被串货区域的经销商，通过利益杠杆去驱动厂家的驻地机构人员加强工作力度，从预防为主入手控制串货问题。毕竟，问题的最好解决方式是预防问题。

第四节　厂家如何正确避免节日渠道压货

对于大多数企业来说，春节期间的销售高潮很难将节前的渠道压货全部冲销，多多少少总会在经销商的仓库里、在分销商的仓库里、在终端的仓库里，积压着些节前的产品，若是数量不大，倒也不算什么，一旦存在着较大数量存货，且又不能及时处理，势必将严重影响到后期销售计划的推进。如何消化处理这些超量积压产品，往往成为许多厂家的销售经理在春节后上班时面临的首要问题。

但是出于市场饱和及消费者购买力下降的因素，这些超量的渠道压货很难在短期内迅速消化，阻碍后期销售计划的推进也是难以避免的问题了。解决问题的最好方式就是预防问题。销售经理们可通过对现有渠道压货状况的分析研究，避免今后再次出现渠道货品严重超量积压的问题，或者有效地缓解积压程度。

一、市场容量问题的分析

根据实际的渠道消化情况，结合其他同类产品的销售数据，分析本地市场在春节旺季时的实际市场容量有多大，厂家当初的市场容量预计是否过大？是否因为过大的市场容量预计而导致了过高的压货任务？如果是这样，那么厂家在春节前所制订并执行的压货计划也就成了不可能的任务。真实的市场容量往往是在事后才能检测出来的，所以厂家应将某地市场的压货量与当地市场的实际容量是否匹配作为第一分析标尺，若有偏差，也好为今后的压货数量调整用作参考。

二、竞争品牌压货状况的分析

如果是本厂家的节后渠道压货现象较为严重，则要仔细分析是否是竞争对手所致，具体下来就是，竞争对手采取了哪些手段来提升在渠道的压货量，或是采用哪些手段压制了本厂家的产品，其中又有哪些手段可以在今后的压货工作中进行借鉴或是回避的。学人所长，或者是避人所短，不失为保护自己的一种有效手段。

三、进货奖励政策问题的分析

在进行旺季压货时，企业大多都会出台一些进货奖励政策，旨在帮助经销商及分销商往下压货，直至压到终端，再以库存压力来逼使渠道商及终端尽量对外出货。但是由于许多厂家在监控渠道货品流动的力度并不是很强，给经销商留出了不少扣压奖励政策资源的空子，而且一些经销商因为目光短浅，贪图眼前利益，自然也会扣压了厂家所给予的进货奖励，导致其下线客户进货动力不足，大量的货品积压在经销商自己手里，在节后的渠道压货调查中尤其要关注是否存在这种情况。若是调查确认后是属于这种情况的，务必逼使经销商拿出厂家前期给予的促销政策，从消费者广告宣传或是终端促销入手，进行消费拉动，带动分销商和二批商的动销，进行积压产品的消化工作。需要注意的是，分销商和二批商仓库里已经压了不少货，这个时候再要求经销商把进货奖励政策放给分销商或是二批商已经没有用了，他们不可能再从经销商那里进货了，而且还会对经销商及厂家产生抱怨或是不信任，直接对今后的压货产生巨大的阻碍作用。只有要求经销商把所扣压的进货奖励资源拿出来用于终端促销，才能帮助中间渠道商的积压货品动销。

四、低价抛货或跨区串货问题的分析

许多经销商在旺季过后，为缓解仓库积压产品的压力，或是急于套取现金，往往会采取低价放货和跨区串货的方式消化产品，这些做法虽然对经销商缓解库存压力有一定的作用，但是市场却会产生较大的负面作用，厂家驻地销售人员应及时对此方面的监控和组织，一方面正告经销商不得进行低价抛货或是跨区串货，另一方面将经销商现有积压产品数量进行清点登记，并了解目前的正常销售渠道和流量，并保持按周定时复核，若是出现不正常的销售数据，就得及时跟踪追查，了解原因，以便及时遏制抛售或串货行为。

五、厂家进行相关市场投入问题的分析

在厂家的销售经理节后走访市场时，经常会遇到经销商因为需要消化积压的产品而提出厂家进行相关市场投入的要求，这个方面需要慎重考虑。因为一旦为经销商申请处理积压产品的市场资源，往往就会导致经销商的惰性心理和依赖心理（反正有厂家在旺季过后为我处理库存呢），那么就失去了在旺季时高库存对经销商所产生的销售压力，所截留的进货奖励就更不会拿出来了，还会在以后的旺季备货活动中变本加厉地扣压进货奖励。考虑到为促进经销商在旺季时的销售动力，断绝经销商寄希望于旺季过后希望厂家投入资源进行市场消化的念头，不能轻易答应经销商在旺季过后，厂家来投入资源帮助经销商进行库存产品的消化工作。需要注意的是，即便是在平时，许多经销商也有企图用大库存又不动销的情况来逼迫厂家进行市场投入。

对厂家的销售人员而言，保持轻松理性的心态面对节后的渠道压货很重要，现状亦是如此，着急上火也解决不了什么问题，要静下心来，理性地分析渠道超量压货的原因。冤有头，债有主，出现这事总得有个原因，是决策判断失误还是过程管理失误，或是因为竞争对手过于强大，或是经销商另有盘算？无论如何，原因要找出来，市场还得一直做下去。今天的原因分析将会为今后同样问题的解决或是预防提供很大的帮助。再者说了，若是因为市场疲软而导致的普遍性渠道产品积压，其实也不用太紧张，至少经销商和渠道里仓库都压得满满的，竞争对手也是塞不进去货的。

第七章　经销商应对厂家

面对着厂家明里暗里的管控手段，经销商自然也不能束手就擒，而要主动寻求相关的规避办法。所谓兵来将挡，水来土掩，有政策就有对策，厂家的政策不可能是天衣无缝的，必然存在许多可被利用的缝隙点和设计运行中的缺陷，抓住这些缝隙和缺陷，经销商不但能保护好自己，更能从中寻找出反控厂家的机会所在。

第一节　经销商"细看"厂家

一、经销商不要把厂家看成是一个整体

在绝大多数的厂家中，厂家高层人员的表态也只能代表厂家高层人员的想法，中层人员有中层人员的观点，基层人员又有自己的思维方式，总之，厂家的高层不等于中层，中层也不代表基层，即便是处在同一个层面，往往也有互相不认同不在一条线上的情况。例如，同一个厂家的市场部与销售部也不见得会是从厂家的整体利益角度出发考虑问题的，他们更多的是从自己部门的职能角度来考虑的。厂家内部各部门各阶层人员各自为战的情况很是普遍，而经销商在进行大框架及大方向的商洽设定时基本上都是与厂家的高层商定的，具体的执行性工作又多与厂家的中层及基层人员来具体合作（厂家高层不可能有那么多的时间精力来管这些具体的操作层面的事情），在与这些厂家中层、基层人员合作的指导思想上，经销商的老板们也带着与厂家高层一样的合作心态和理解方式来与之合作。结果往往却是不尽如人意。

经销商容易把厂家看作一个整体的原因，是与经销商自己的经营管理思路是密不可分的，因为经销商老板对待自己的经销公司就是一个整体的概念，江山是

自己亲手打下来的，一切都是自己创造来的，事无巨细都与自己有关系，具体一点来说，所有的费用开支都是在侵占利润，所有的小事都与自己的生意息息相关，并且所有的事情都是自己整个生意系统中的一个环节，乃至下面员工的一言一行都会对自己的生意产生影响。

长此以往，经销商老板已经习惯了这种整体性的惯性思维方式，就是把每天的生意完完全全融入自己的生活当中，或是说做生意已经是经销商生活的重要组成部分，生活是一个高度的整体化概念，各个环节都是密不可分的，认为某一个细小的环节也代表着整体，生意已经生活化了。

而厂家的各阶层人员却不是这么回事，一般来说，企业的所有者（也就是企业的高层）是真正负责的，是可以从一个全局的高度、发展的高度来看待问题的，或是说，许多企业的所有者也是把企业的经营管理问题变成自己生活中的一个重要组成部分，也会和经销商一样，每个方面都看得很重要，都会影响企业的生存与发展，认为某一个细小的环节也代表着整体，要是某家企业所有员工都能这么想，那进世界500强也是指日可待的事情了。问题就在于企业里的其他员工都只是在工作，在打工而已，工作绝对上升不到生活的高度（当然，我们也不排除那些极少数高度敬业的职业者），也就不可能时刻把对工作质量的要求提升到如此的高度。中层、基层员工对企业的感情维系基础来自企业对其的利益回报，他们很在乎自己的每一分付出有没有得到及时的、足够的、合理的回报，先私而后公嘛，所以企业的中层、基层员工即便是在平时表现得恪守尽职，但一旦发生利益纷争，尤其是在企业内部因为管理问题遇到一些侵害其利益方面的状况时，再敬业的员工都会变，第一个基本反应就是消极怠工、降低工作质量，这个时候即便是出现其所负责的市场出现推广不力，竞争对手加强动作等负面情况时，这些中层、基层人员也会熟视无睹，对客户的建议和催促多是左耳进右耳出。对他们来说，企业能不能生存和发展不是一个需要刻意关注的方向，大不了这家企业倒闭了就换个新东家，而与其切身利益密切相关的方面才是关心的重点。

因此，许多经销商老板千万不要以为与厂家的高层谈妥就万事大吉了，计划与执行相差很远，即便是厂家高层给予一个良好的合作起点和资源支持，可这些具体的事情都得要下面的中层基层人员来做，再加上驱动厂家中层基层人员好好干活的利益取向与厂家高层完全不是一回事，所以说，经销商若是想真正地与厂家进行有效的合作，就必须充分考虑到与厂家高、中、低三个层面的人员不同的合作及沟通方式。在一些新项目和新产品投放时，经销商得用不同的利益点去吸引厂家的高中低层来与之合作。

二、对厂家全面分析及应对

(一) 经销商如何利用厂家远程管理中的漏洞

为了贴近服务市场，许多厂家都在全国各地的主要市场设立了驻地机构，但是，如何有效地管理好这些远离总部的驻地机构却一直是个难题。目前主要采用报表式管理、结果式管理、放纵式管理，但这三种主要的管理方式都相对应地存在不少问题，导致许多驻地机构执行不到位、市场变化反应迟缓、内部滋生腐败等现象。商场上的事没有绝对的好事，也没有绝对的坏事，远程管理中的种种问题与弊端对厂家总部来说自然不是件好事情，但要是对经销商来说可能是个机会。

我们来分析一下，厂家驻地机构对经销商的正反面作用（见表7-1）。

表7-1 厂家驻地机构对经销商的正反面作用

正面作用	反面作用
作为联系厂家总部的桥梁与跳板	进行通路扁平化，为架空经销商做铺垫
帮助指导经销商运作当地市场	为部分终端厂家的直营创造条件
厂商沟通及时，对市场问题能做出及时反应	收集市场及客户资料，以便对下拨给经销商的各项资源进行控制使用
作为市场资源的争取者	为斟选新的经销商及后备经销商做准备

我们之所以来分析经销商如何利用厂家远程管理中的漏洞，主要是利用厂家远程管理工作中的不足，来强化厂家驻地机构对经销商的正面作用，弱化或者是转移厂家驻地机构对经销商的反面作用，那么具体从哪里开始入手呢？

一切的核心都是人，在这个问题上同样也是如此。厂家总部的一切动作指令都要驻地机构接受与理解，然后辅之以一定的利益驱动，才能进行相应的执行，最后达到厂家总部的目的要求。简单来说就是厂家总部要解决驻地机构人员想不想做、会不会做的问题，会不会做的问题现在大多数厂家都能通过充分细化的方案说明、配套的培训、紧密的内部联系沟通等方式来解决，但在这个想不想做的问题上还存在不少问题，想不想做的背后就是个利益驱动的问题，这个利益驱动又分成物质层面和精神层面两个主要方面，许多厂家在这个利益驱动方面考虑得过于简单或是存在偏失之处，例如，利益种类过于单一、利益回报设计的不合理、分配比例的不公平等。在没有满足驻地机构人员个人利益的前提下，又怎能保证公司利益的产出？这也是促使驻地机构不能很好完成厂家总部交代工作的主要原因之一。

著名营销专家陈志怀先生曾说过："远程管理的过程是创造和保持满足远离总部销售人员需求的过程，即满足远程销售人员的三个层面需求：成就感、归属感、安全感。"

　　真正能做到这三个层面的厂家非常之少，这就导致了驻地机构的员工满意度差，既然损伤了员工的个人利益，那员工也就顾不得公司利益了。如果这个时候经销商出面，从某种程度上满足了厂家驻地员工的这些层面的利益，那不难想象，厂家的驻地员工这个时候会听谁的话？考虑照顾谁的利益？

　　有几点是厂家总部难以满足驻地机构员工的，一是基本的人身安全感问题，二是个人思想的及时沟通与认可，三是个人价值的发挥平台。而经销商却能依据自身的优势条件，代替厂家做到这几点。

　　（1）许多厂家的驻地机构人员都是外派过来的，在当地无亲无友，生活难免有些不便之处，同时也容易担心个人的安全问题。厂家总部的管理部门在驻外员工的个人生活上很少有细致到位的，大多只是每月发些补助，自己想办法安排去吧；经销商作为本土居民，在为厂家驻外员工的一些生活问题上自然是小菜一碟的事，例如，代找出租房、办理暂住证、一些基本的安全保障方面等，这些小菜虽花钱不多，但却能给厂家的驻外人员切实的温暖和感激，为今后双方的沟通搭建了一个良好的桥梁，甚至能创造一种归属感。

　　（2）每位业务人员对市场操作都有其独到的看法，也会随着对市场的了解产生出许多新的创意，但由于远离总部，在沟通上自然有些不便，而经销商可以安排时间倾听这些厂家驻地机构的业务人员对当地市场的评析与创新设想，至于能不能投入实战是一回事，个人的想法有人能接受，这对其本人是一个莫大的肯定和安慰。

　　（3）厂家驻地机构人员的工作方向及计划大多是由厂家总部所制定安排的，长此以往，驻外机构人员觉得没有自己发挥的空间，反而逐渐降低了工作积极性，消极地对待厂家总部、市场、经销商。经销商在与这些厂家业务人员充分沟通后，可考虑分切出一小块市场和渠道出来，给厂家的那些业务人员一定的施展空间，满足厂家业务人员的成就感，从更深层面来认可厂家业务人员的个人价值利益。

　　当然，在商言商，经销商精心策划的这些项目当然有其商业目的存在了，依据笔者的实际操作经验，在经销商替代厂家总部为厂家驻外人员创造并持续满足这些层面的需求后，带来的收益也是明显的，具体如下。

　　（1）大多厂家的驻地机构都有一定的市场申请权利及使用权利，这样将为经销商争取更多的市场资源投放。

　　（2）经销商可借此渠道了解厂家相关市场动作的真实意图。

　　（3）厂家驻地机构的业务人员会创造机会，或推动经销商与厂家高层的沟通。

　　（4）厂家总部通过驻地机构收集市场资料的准确性与更新率将会大打折扣，有效地保护了经销商的利益。

　　（5）通路扁平化的实际进度控制，避免经销商被厂家架空。

（6）避免厂家驻地机构进行备用经销商的甄选工作，以绝后患。

（7）经销商可以更大自由度地使用厂家划拨的资源使用权，脱离厂家驻地机构的监控。

在经销商发觉厂家对其驻地机构的管理上存在漏洞后，应主动分析研究，分析出厂家驻地机构员工的需求在哪里，又有哪些需求是厂家总部所不能给予或是满足的。然后通过与厂家驻地机构员工的沟通与利益捆绑，取得理解与共识，来逐步满足部分厂家驻地员工的需求，以此来获得厂家驻地员工对经销商的个人满意度。自然也就是取得了厂家驻地员工对经销商的利益保护，甚至是在牺牲厂家利益的前提下，达到经销商事先设定的目的：强化厂家驻地机构对经销商的正面作用，弱化或是回避厂家驻地机构对经销商的反面作用。

（二）　经销商如何正确面对厂家的质量事故

案例

因为组装工艺的问题，深圳神州电信器材有限公司的一批新款无线电话出现子母机频率误差问题，座机与子手机之间无法进行正常通话。由于经销商货要得急，这批新款无线电话机在没有进行全面抽检的情况下就包装封箱进了成品库，后来在抽检中发现这个问题存在时，已经向太原经销商与杭州经销商这两家发了货。神州公司没有设立驻外机构，没法进行及时处理，销售部便迅速通知了这两家经销商，要求暂缓销售，就地封存，等待神州公司派员前来处理。接到神州公司的紧急通知后，两家经销商大为紧张，因为产品在这两个市场分别已经进入终端并开始销售了，这种产品的质量事故对以后的销售及经销商信誉影响很大，谁也不希望看到这种倒霉的事情，但问题是事故已经出了，无论如何也得面对啊，但两家经销商却采取了不同的态度来面对这件事的处理。

太原的经销商直接打电话给公司销售部经理，语气愤怒，强调这批货已经撒出去了。现在再来通知我们经销商说质量有问题，你们公司质检部是干吗吃的！现在叫我们回收产品，不只是销量损失的问题，简直就是在太原砸我的经销商牌子嘛！这叫我以后的生意还怎么做！你们厂家一定要对这个事情全部负责，我现在不管了，你们赶紧派人来处理！这位经销商同时也通知了各终端，说明这批产品有问题，不要再卖了，先封住别动，等神州公司的人过来处理，并且，一再强调这是神州公司的生产上出了问题，不是他经销商造成的。

而杭州经销商在接到公司通知后，迅速联系已铺出去货的各终端，收回产品，对部分已经销售的终端张贴告示，以补贴来往出租车票的方式赔偿客户的来往损失。等厂家的销售部人员赶到杭州时，绝大多数已经销售出去的电话被追了回来，并且由于经销商及时对终端说明与回收措施，所产生的影响并不是很大，相反，许多终端还对经销商能够积极主动且态度诚恳地处理质量事故表现出好感，认为这个经销商有责任心和商业道德，同时，这也使得厂家的善后处理工作便捷了许多。

太原的经销商坚持等厂家人来了再处理，结果厂家来了之后还得自己去跑终端回收产品一一说明。由于时间延误过长，许多销售出去的产品已经无法收回了，这就为后期的终端工作带来了麻烦，从而导致终端对这个品牌的厌恶和抗拒。而且经销商陪同厂家人员去终端也一再说明，这是厂家的质量问题，与经销商没关系的，但这并没有获得终端的理解，许多终端反而觉得这个经销商的气度和风范很小。

回到公司后，负责此事件处理的厂家工作人员分别向高层汇报了各自的处理情况，其中，去太原的工作人员对经销商的斤斤计较，过于看重自己的得失，消极被动的处理态度很不满意；而去杭州的工作人员则是对经销商大加赞赏，言明这次事件的快速妥善处理主要是由于经销商的积极配合，否则，公司的品牌形象在当地市场将是非常恶劣的，且由于产品及时回收，厂家在退赔产品的处理上所导致的经济损失也降到最低水平。

神州公司的高层在听取汇报后，自是对太原经销商的表现极为不满，责令销售部着手准备后备经销商，必要时进行撤换。而对杭州经销商主动积极的配合态度与措施自是大加赞赏，并随后携市场部及销售部相关负责人亲赴杭州，对经销商表示感谢，并当场决定将杭州市场作为公司的样板市场，重点投入，与经销商的合作关系也提升到战略合作的高度。与此同时，杭州经销商又充分利用这次机会，利用厂家高层在场的机会，召集终端老板们开了个厂家商见面会，大家济济一堂，共同就神州公司的产品改良及市场策略进行商讨，如此运作，反而在渠道和终端中树立了一个负责任的经销商形象，彻底把这个产品质量事故转变成一个正面的宣传机会。

产品质量事故本是个麻烦事，可塞翁失马，焉知非福，杭州经销商与太原经销商在同一件事两种截然不同的处理方式也为他们带来了截然不同的收获与回报。

对于绝大多数流水线生产的厂家来说，产品出点质量事故也是很常见的，也是很难完全避免的，几乎所有经销商都面临过产品质量问题。一般来说，产品的质量事故都是由厂家来负责的，这也是天经地义的事情，而对于经销商来说，自己只是个商品的过手商，按道理自然是不用管产品的质量原因的，出了责任也可以推给厂家来处理的，但是，换个角度来看，这里面也有文章可做的。

首先，从厂家的角度来看，质量事故是没有办法彻底避免的，要是仅仅在经销商那里就发现产品存在质量产品倒也好办，问题是质量事故大多是在产品已经铺进终端才发现，或是产品已经被消费者所购买使用后才发现。事实已经造成了，影响面已经开始出现扩散，这个情况下，对事件的处理及时性就显得非常重要，快速的反应与处理可以最大限度地减少损失，控制负面影响范围。因为产品都是由经销商在进行具体的渠道和终端推进，处理过程难免要牵涉到经销商的配合与合作，经销商的反应速度和配合程度直接决定了事故的处理速度，经销商眼光的长远性，或者说是否具备战略性思维方式等因素就决定了经销商以什么的态度和方式来面对厂家的产品质量事故。

若是简单地认为反正产品质量是由厂家来负责的，出了事由厂家出面来处理解决好了，自己能少沾手就少沾手，有的经销商还会要求厂家进行一定的损失赔偿。表面上来看，拥有这种心态的经销商在厂家的产品质量事故上表面看起来没吃什么亏，其实，暗亏吃大了。

（1）从厂家的角度来说，厂家与经销商应该是个整体，遇到问题和风险时应该一起团结合作，共同面对问题，解决问题，要是遇到问题就都抛给厂家来处理，自己回避躲开，那这个经销商也不能作为长期的合作伙伴，更不能进行深入合作，这样的经销商无形中会在厂家心目中被下降地位或者直接被撤换。并且由于处理不及时所导致的厂家在当地市场的经济损失，大多是哪里损失哪里补，必定是要通过修改在当地的市场费用投入计划等方式来弥补，很少会额外地进行资金调补，等于说这个因为产品质量问题在当地市场的损失也得想办法在当地市场补回来，所谓羊毛出在羊身上嘛。

（2）从经销商的下线客户（如二批商、终端等）来看，经销商、厂家与厂家产品也是一个整体的，产品出现质量问题，若是经销商直接往厂家那里推，拼命给终端解释这是厂家的原因，强调与经销商没关系，经销商这样的态度终端们是接受不了的，货是你经销商卖给我的，经销商是厂家在当地的代表，与厂家、厂家产品是一个整体的，出了事不能简单地把事情推给厂家就完事了，与厂家合作只能同甘不能共苦的经销商不会是个好的供应商，也是个不会也不敢于负责任的经销商，对上游厂家如此对下游客户必然也是如此，与这样的经销商合作可要小心啊。这样的处理态度和方式自然是在终端心目中被降低了地位，失去了可以被信赖被依靠的形象地位。

若是经销商把眼光放长远一些来看待这个问题，或者说是从战略高度来看，就可以发现这里面所存在的利益点，在商言商嘛，经销商这么做也得要有一定的利益回报的，这个利益回报一般是体现在三个方面。

（1）许多经销商都宣称与厂家是一个整体，是紧密合作的伙伴关系，如果真的是这样，那么在出事的时候是最能检验合作紧密程度的机会了。若是经销商迅速反应，及时采取相关的补救措施，尤其是在厂家因鞭长莫及尚没法采取迅速出台处理措施的情况下，先行一步，主动做好相关的处理工作，为后期的厂家处理打好基础，扫清障碍，那么将大大增强厂家对经销商的好感和合作信心，加强有效的紧密厂商关系，运作得当，还能给经销商带来许多新的利益增长点（设为样板区域，作为新产品的首投市场，市场资源的侧重倾斜等），这也体现了经销商对市场和厂家高度负责，产品是厂家的孩子，把孩子交给一个负责任的人手里，也是所有厂家的心愿。

（2）通过事故的妥善处理，这也是树立经销商在当地行业市场的形象地位的良好机会。所谓不大不成交，正面的商业往来很难发现对方的品质怎么样，往往是通过一个事故来考验或体现具备商业道德的经销商的良好风范。做生意，信誉二字值千金啊。甚至是花钱做广告，也不见得有通过处理事故这个方式有效。

（3）只要是做经销商，这类突发的产品质量事故是谁都能碰上的，在经销商内部建立这个突发事件的处理机制和锻炼经验是非常有必要的，以后即便是老板不在家，员工们在遇到此类问题时也有一定的处理经验和解决步骤，避免因老板未能直接指挥安排而导致事故扩大。同时，敢于承担责任，主动处理事故，这也是在员工面前树立老板的形象和弘扬商业道德的良好机会。

如果说厂家妥善处理好产品质量事故是维护品牌的话，那么经销商妥善处理售后服务就是为了市场经营战略，具备战略思维的经销商才能具备长远的可持续发展。而战略思维往往就体现这些对待当前小损失与长远大收益的准确判断和运作上的。塞翁失马，焉知祸福？冷静、长远地看待所发生的事故和问题，纵而观之、判之，亦是机会所在。

（三）经销商如何建立与厂家市场部的新关系

经销商与厂家各部门的日常往来中，以销售部为多，而市场部接触得相对较少，毕竟不是直接的业务联系方，也不能决定许多对经销商来说较为重要的事情（经销权、账期、压货、处理串货等）。与销售部每天做些实实在在的工作有所不同的是，经销商容易认为厂家市场部的工作似乎都是虚的，这些工作当时又看不出来实际的效益在哪里，有点轻视市场部也就是难免的事了。再说了，许多经销商坚信县官不如现管，联系的部门太多了可能办起事来更麻烦，不如把有限的精力都集中在与经销商对接最多的销售部身上。

一些经销商总叫喊着要厂家对市场多投入多支持，但把这些希望都寄托在销售部身上，这可能有点拜错了庙门烧错了香，往往市场部才是这些资源的供出者。所以说，经销商若是与厂家市场部建立了稳固关系，往往能带来更多的收益。笔者总结一些关于经销商如何与厂家市场部对接的相关经验，以供广大经销商朋友参考。

1.厂家市场部的现状

在前文"厂家市场部经理的快速上手"中我们已经讲到市场部的十五大功能，

但那些只是行业对市场部该干些什么的基本功能定义，如果一个厂家真正实现了以市场为导向，那么这个厂家的市场部就能真正实现这些基本功能。在这种状态下，市场部就是一个市场运营策划及指挥机构，销售部则是一个配合执行机构。

但是，千万要记住，这只是行业定义，厂家老板不一定认可这个定义，毕竟不是所有的厂家老板都是市场营销学出身。他们取得成功的途径也不一定是按照市场营销的理论和方法。许多厂家老板只是看宏观战略，甚至只是看整体销售情况，看工厂的产能。他所关心的是最大化产能是多少，销售出去能赚多少等产销方面的问题，所以导致在中国真正以市场为导向的厂家还非常少，而销售为导向的厂家还是占了绝大多数。往往是销售部要求市场部怎么样来配合销售部的工作，市场部反而变成了销售部的随从者，这也是经销商给销售部烧香而轻视市场部的主要原因所在。

这种倒挂的部门关系，也给市场部带来了一些尴尬和发挥的局限性，例如，市场部做出来的市场推进计划总是被销售部更改，一些费用资源的申请要市场部来做，使用权却又集中在销售部手里，市场部的市场调查分析及相关建议书总是得不到销售部的重视。更有甚者，在一些厂家，老板安排市场部的功能之一就是牵制与监控销售部，而在出现内部矛盾与纠纷时，老板却总是倾向于销售部，市场部常常是内外不是人。

从厂家市场部经理的角度来看，虽然市场部的功能发挥受客观因素所困扰，存在着许多的局限性，但还是总想做出一番成就出来，在有限的空间内展现出市场部的功能所在与存在意义，证明个人及部门的价值，确保个人及部门在厂家内部及行业内的地位。毕竟，市场部手里还是掌握有许多资源的，但仅仅有资源是不行的，得有其他部门的配合才行，销售部是别指望了，老板永远是要先看到实际效果的，那么内部没有多少合作者，就得在外部想办法了。

2.经销商的机会

利润是怎么来的？利润是通过给客户提供系统的解决方案而得来的。现在厂家的市场发展受阻，在内部合作不良的情况下，外部经销商与厂家市场部进行联手合作，解决了市场部的发展问题，自然也就会给经销商自己带来利润。

在了解厂家的市场部存在类似问题后，经销商可以主动与市场部进行联系。当然首次接触的理由可以是为了获得市场在促销推广活动方面的项目解释与操作指导等。在逐渐建立关系的基础上，可以商讨更深层次的合作。具体的合作内容主要集中在市场部完整方案的具体执行效果验证及新思路的落地验证上。

（1）可以作为市场部市场推进计划的完整版试验田。

市场部的整体市场推进方案，总是被销售部改得七零八落，或者是执行不到位，一旦老板追究责任，往往就把帽子扣在市场部头上，说这个方面本身的设计就存在先天性不足的问题。这也是经常令市场部头疼的时候，但又举不出实例来进行验证。那么，现在就可以通过合作的经销商不折不扣地按照市场部最先的标准来执行，所产出的实际状况将成为市场部最有力的证据。

（2）被销售部反驳的新思路，在经销商那里得到验证。

市场部有市场部做市场的思路，贵在创新；销售部也有销售部做市场的想法，重在维护。由于实际操作还是由销售部进行，市场部的许多新思路总是容易被销售部以不了解实际情况为由进行反驳，若是市场部有进行深度合作的经销商作为创新思路的实际响应者和执行者，将很容易打破销售部所固守的过时思路。

（3）经销商与市场部合作的利益。

经销商费神费力地与厂家市场部进行深度合作，有时还得冒着得罪销售部的风险，那么利益又在哪里呢？这个利益主要体现在市场部所拥有的资源下拨上。

①为经销商提供信息。

作为厂家市场，所拥有的行业产品资料都较为完整，一些行业动态信息也能及时地掌握，而这两点对于经销商来说都是弱项，现在可以通过与市场部深度合作的机会，定期地获取行业资料及动态信息分析。

②为本市场做咨询。

厂家市场部高级主管以上职务的员工都具备一定的专业技能，也就是说具备一定的咨询专家的基础，经销商可在适当的时候，请这些市场部的专家们过来，对经销商的市场进行市场环境分析及项目咨询，还是免费的呢。

③为经销商进行员工培训。

员工的培训是经销商未来内部管理中的一个重心，员工培训的最大成本就是培训师的费用。目前厂家市场部高级职员大多都具备培训能力，每年邀请几次过来给经销商的员工培训，省钱又省力。由于是厂家直接以本厂产品销售为基础培训，员工们在接受方面自然要比外请的培训师培训要好得多。

④更多的市场资源投放。

这个是一定的，市场部是所有市场资源的筹划者，自然有权利对局部地区进行资源倾斜。

⑤打造样板市场。

这里的样板市场不是通常意义上的厂家样板市场，而是隶属于市场部的样板市场，通常意义上的样板市场是厂家重点投入，做给其他经销商看的。而这个样板市场是市场部重点投入，做给厂家老板和销售部看，所以必然是全力以赴，确保有成效。

⑥加强人际关系。

此外，在与市场部各级人员的紧密合作中，自然也能积攒不少私人关系，以后若是发生市场部人员（尤其是市场部经理）的跳槽事件，往往还能给经销商带来新的合作机会。

从长远角度来看，以市场为导向将是越来越多厂家的转变方向，到那个阶段，经销商与厂家的重点合作部门可能就是市场部了，经销商及早地学习与厂家市场部的合作方式也是未雨绸缪。

第二节　与厂家的关系处理

一、厂家有人的好处

自古以来在官场上就有句名言：朝中有人好做官。在现在的商场上，经销商们也有个心得：厂家有人好赚钱。这个厂家的人可不是普通的员工，而是厂家的高层，可以包括企业的所有者（比如说老板或是股东）、针对市场策略制定者（市场部经理、销售部经理等）或对策略制定有重大影响的人（企业顾问）。厂家的高层代表的是厂家的利益，经销商代表的是自己的利益，都是属于认真维护自己利益的两个层面，也可以说是存在点对立，但是，对立利益和共同利益往往都是在一起的，就看怎么运作了。

在国内做生意，人际关系是第一生产力，经销商与厂家做生意绝非钱货往来那般简单，尤其是经销商在与大企业合作时，人际关系的作用是相当巨大的。经销商在小企业身上赚钱重在产品运作，而在大企业身上赚钱那得看人际关系的运作了，从某种意义上来说，这也是一种赢利模式。

笔者在某著名食用油公司工作过，对这种人际关系的赢利模式再熟悉不过了。因为食用油原料的价格有些不确定因素，例如，政策调整、农作物收成、运输等因素都会导致成品油的价格涨涨跌跌，而食用油周转量很大，这一涨一跌，中间的差价是个惊人的数字，每次价格调动前的变动信息是高度保密的，知道的也不过高层那三五个人，厂家驻地机构所接到的调价通知都是已成定局的事了，每次公司的涨价或是跌价通知一出台，都有经销商笑有经销商哭。笔者所负责区域的某两位经销商与公司高层相处得非常好，不管涨与跌都笑，道理很简单，只需要在涨价或是跌价前一两天得到高层那里传来的消息，迅速吃货或是抛货，所赚的利润足够普通的中小型经销商拼死拼活做一年的。当然，这种消息要不是关系好到一定程度是绝不会传出来的，但一传出来即刻就能带来惊人的利润，所以说，与厂家高层人物的关系也是经销商的一种赢利模式。

与厂家高层关系相处得好，所能得到的额外利益和利润还有很多，例如，对经销权的延续、相关政策的提前通知、市场资源的额外投入、新产品的优先投放、各部门的积极配合、减少其他部门的干扰因素、预防经销商的内部员工与厂家勾结等，乃至在新项目、新领域上与厂家的全面合作。

二、如何处理好与厂家高层的关系

（一）兵马未动，调查先行

在经销商确定与某厂家合作后，尤其是大企业，经销商要抽出一定的时间和精力出来，尽快搞清楚这个厂家的高层状况。先要把情况搞清楚：哪些是高层，组织架构、人员组成情况，重要人员入职时候的及时通知，重要人员以前的工作经历，重要人员在厂家里有没有股份或者是期权等长线利益形式，重要人员的身体状况与比较明显的个人喜好、嗜好，重要人员身边的助理秘书的相关情况。同时，对上述情况的变动也要保持及时了解与更新。这些信息可以从厂家驻地的业务人员轻松得到。

（二）从中分析各高层利益点的不同所在

前面谈到，这个高层有四种人，分别是企业的老板、股东、高级部门经理和企业顾问这四种，这四种人的利益观点是不一样的，这个问题一定要分析清楚，不然的话，后期的许多工作就没了方向。

（1）如果是老板，那他的利益点在于整个企业的收益，单个经销商对他来说，最好的利益点就是在做好单个产出的基础上，再起到样板经销商的作用，从而来鼓动更多经销商的积极性和自行投入。

（2）如果是股东，在国人特有"宁做鸡头不做凤尾"的情况下，许多股东随时在想的一件事就是如何退出来自己单独干，当然，股东们对厂家的整体收益也很关心，但更关心的是哪些资源可以调运到自己手里，比如，经销商的群体资源，为自己以后的单做打下基础，或者与一些拥有特殊资源的经销商合作。

（3）如果是市场策略制定者（类似于销售部经理、市场部经理），他们的利益则要分为四块来看，作为职务所代表的厂家收益、来自厂家的公开个人收益、其他方面的单独个人收益、其个人在这个行业发展的名望和影响力等。

（4）如果是企业的顾问，他们需要的是经销商的理解和认同，以证明他们想法的正确性和有效价值，稳住自己在厂家老板心目中的地位。

四者的利益取向各有不同，有的放矢，才能取得最佳的投入产出比。不同的高层有着不同的利益点，摸准了才好动手，到处送现金、花天酒地不是放之四海皆准的做法。

（三）摸清楚情况后怎么建立联系

比较常规的是正面接触法，例如，经销商年会上或者是厂家高层来检查市场的时候，与厂家建立联系。但是这种方法一般多为泛泛之交，时间紧，场面杂乱，最多也就是喝杯酒换个名片，双方都缺少一个能进行深入沟通的背景环境，而且厂家高层也很少会特别与一个经销商进行深层次交往的。除了没有时间精力，还有忌讳的因素在里面，因为这样很容易引起其他经销商或是其他高层的猜疑。单纯由经销商来从正面主动约见厂家高层也是挺难的，要想吸引厂家高层的注意并与之有效单独沟通，其实是可以反其道而行之。

所谓不打不成交，负面问题最能吸引厂家高层的注意力，并能吸引其主动与该经销商进行来往，这时候再怎么来往频繁也没人说，因为是在处理事情嘛。联系得紧密还会被认为是负责任的表现，领导工作很尽心。

经销商策划一个较为尖锐、特别的新问题，一定是新问题，要让中间层无法无权处理。这个借口也很好找，现在极少有厂家在产品设计、通路策略、市场投入等方面完全做到位的，找点碴儿出来很容易。作为企业中层，多一事不如少一事，且对新事物没有处理经验，万一自己把事情拦下来却又没处理好，那所有的后果就得自己一个人兜着。越是大型企业的员工越怕承担责任，为避免出现错误，按照一般常规将问题层层上报，一直报到高层，往往是厂商双方直接见面，自有一番兵来将往。在一定的环境里，锁定一两位目标高层之后，经销商适当地调整一下姿态，表示对厂家相关高层的处理解决表示满意，也算是给厂家高层们一个面子和人情。作为经销商，大不了在经济上吃点亏，但认识这么个朋友（厂家的高层）非常值得，这是花多少钱也买不来的。人的心理就是这样，越是难缠的客户表示了臣服，高层人员就越是有种高度满足的征服和成功心理，反而会对这个经销商单独照顾，常常给经销商私人电话，说："以后有什么事情直接打电话给我。"考虑到影响起见，极少说是因为经销商对厂家有些意见和建议而导致厂商中止合作，这要是传出去谁还敢和这个厂家合作。

（四）后期的持续跟进

通过事件营销的操作成功与目标企业高层建立一定的接触与联系，但这只是个敲门砖，只是个结识手段而已，关键在于如何后续，转为良性的持续联系与沟通，要是还停留在对问题的追究和利益的纠缠上，一天到晚都是抱怨和牢骚，任何厂家高层都受不了。这个后期持续跟进接触和沟通就要结合我们前面所谈到的那几个利益结合点，分别为各个高层制定与之接触沟通的利益出发点、步骤方式等。

以下有几种方法是比较有效的，供各位经销商朋友参考。

1.提交月度工作报告

内容包括本月当地市场销售情况，以图片表格的形式尽可能直观简要地描述当月的市场进度状况，与厂家的相关部门合作都做了些什么，在一些新领域、新方法、新思维上做了哪些尝试动作，还存在哪些问题和困惑等情况。文字、表格、照片做到1∶1∶1，尽可能生动化，让百忙之中的高层们有兴趣来阅读你每月的工作报告。

2.向厂家内部刊物投稿

许多厂家的内部刊物其实就是厂家中高层的工具，是表达厂家战略思想的舞台。经销商作为厂家对外关系中的重要伙伴，是需要有效回应与支持厂家的，经销商以拥护厂家高层的决定与战略部署为中心思想，将自己对市场运作的一些想法撰写成文，刊登出来，以此来呼应厂家高层的战略思想。

3.争取当地现场会的召开

别心疼那点地主之谊的招待费，实际的收获会更多的。道理很简单啊，为了美化市场状况，厂家的驻地机构和所在区域都要花资源对市场进行整改，开会时期调用的、定做的大批宣传陈列品基本上都直接赠送给当地经销商了。

4.争取新产品

现在许多厂家推出的新产品都是生产贡献率较高的产品，出厂遇到的第一关就是经销商群体是否能够接受它们。经销商一般更喜欢已经卖熟手的老产品，省事且赢利又稳定。新产品的推广很费力气，初期销量也很一般，经销商都习惯指望新产品已经通过市场考验之后再大批量调货推广，免得万一推广不成功导致自己的资源和精力浪费。这个时候，样板经销商的作用就体现出来了，主动地承接厂家新产品推广工作，为其他经销商的接受树立信心。

5.做一个听话的正面样板经销商

从厂家管理的角度来说，当然是希望经销商们都是听话的好孩子，但要想要经销商们听话，厂家就得有相对应的利益回报。经销商听你厂家的调遣安排的好处在哪里？即便厂家说有这样那样的好处，是真的吗？这个时候，听话的样板经销商就该出现了，这个经销商要充分地证明给其他经销商看，因为听话，他得到了什么。

从经销商的角度来说，好好与这些厂家的高层相处，带来的利益是多方面的。当然，这里面有个度的把握问题，距离过近，容易给其他经销商有政策倾斜或是不公正对待的嫌疑，或者给其他高层感觉这里面是否涉及私人利益的嫌疑。这个沟通和交往还要兼顾整体的平衡性和一定的隐秘性。

三、经销商与厂家高层沟通接触的误区

很多的经销商总以为只有大经销商才有规模实力来与厂家的高层对话和沟通，其实不然。从厂家高层的角度来看，经销商的大与小其实并不影响之间的沟通与

联系，不一定是大经销商才能获得与厂家高层对话的权利。分析其中的利益因素，如果这个厂家高层不是企业的所有者，那么其看重的只是个人的收益而非企业收益，经销商大与小没多少关系，关键是看这个经销商能给其个人带来什么。大经销商自持市场作用重要，往往还喜欢讨价还价。即便这个高层是企业的所有者，那他考虑的更多的是个平衡利用的问题。诚然，大经销商是贡献出了更多的利润，但是并不是所有利润，加之越是大经销商就越想得到更多的好处和政策倾斜，有的厂家高层也很烦的。更多的时候，厂家高层认为与某个经销商的沟通来往只是对外整体往来中的一个环节而已，只是一个点，更多的是看重这个点的借鉴发挥作用。作为经销商，在这个方面的考虑一定要清楚，这其实也是互相利用，经销商得到更多的资源与利润，厂家高层则得到了一个工具。

第三节　厂家年末压货背后的逻辑与经销商应对策略

一、年末厂家向经销商压货的原因

经销商对厂家的年终压货是很头疼的。市场是自己亲手在操作的，水有多深自己清楚，能跑掉多少货经销商自己也能估个八九不离十。可厂家却不管市场的实际消化能力，经常是把经销商的仓库压满，把经销商的钱袋子吸干才会松手。这就会导致许多经销商为了套现，自己违反自己制定的价格体系，低价抛货。要是不具备这个快速抛货能力的话，很有可能就是一年忙到头，赚了一仓库的货。

厂家具体有四个层面的人在向经销商压货（见表7-2）。

表7-2　厂家向经销商压货的层面

层面	原因
厂家决策层	完成销量方面的战略规划，为新品推出预留空间，库存产品的迅速套现
厂家的销售部门	完成年度销售总任务及新增任务
厂家的驻地机构	完成本区域的年度销售任务或是本区域的主管为了达到增添光彩的目的
厂家的业务人员	为确保自己的年终奖金不受影响

从上表我们知道，厂家高层决策者做出压货决策一般是出于整体的战略规划考虑。例如，确保本年度的销量目标，在最后一个月冲击销量，调控经销商手头富余资金，库存产品套现或者是考虑到发挥产能因素，上市公司还会考虑年报上要体现得好看一点等原因。这种压货决策一般是全国性的，而且也会给予相对应的配套促进政策，并且还会考虑年终压货过量对次年一二月份的销量干扰问题，在做出压货决策的同时，一般还会出台相关的问题解决方案。经销商很少能逃避

得了这类压货。

厂家销售部门的压货推进工作,大部分情况下的出发点与决策层基本接近,或者说是执行决策层的行动指令罢了,但有时候也会从本部门的角度出发考虑一些问题。例如,为了向决策层证明本部门发挥的功能及存在的价值,也会做出针对经销商的压货决策。

厂家驻地机构作为具体区域市场的管理者和总部指令执行者,自然要想方设法来完成自己这"一亩三分地"的销量计划,也有很多驻地机构主管为了争取公司资源(对本市场或者对主管个人的重视),自己的职务提升,往往会通过销量来震动上司,不顾一切地逼着经销商进货。他们不管这些超量压过来的货去向如何,反正到时候自己调走了,留下个烂摊子,谁来谁倒霉,管他呢!

最要命的是有些厂家的业务人员,为了确保个人年终奖金如期如数到手,通过威逼利诱,促使经销商超量压货。只要经销商的款打了、货提了,自己的奖金也就到手了。至于这个货怎么消化,明年再说吧!有可能自己明年就换了个市场,管他洪水滔天!这样的案例在行业内并不鲜见,一些厂家的业务人员为了自己几千元的年终奖金不受损失,能叫经销商陷进去好几百万元。

总体而言,若是厂家决策层下达的压货指令,对经销商来说,还多少有点保障性的政策,至于其他几个层面的压货指令就难说了。

二、经销商应对年末压货的措施

经销商也不傻,面对厂家的年末压货也不会乖乖就范,跳起来闹者有之,保持微笑但死活油盐不进者也有之。经销商们心里也清楚,无论是厂家的正面利诱还是负面威逼,目的就是一个:让经销商听话,乖乖地把货吃下去。但是,出于厂商双方地位的不同,出于厂家对经销商的掌控权,出于厂家是几十个高度专业的脑袋在对付经销商的一个脑袋——不是一个档次的,在大部分情况下,经销商不是厂家的对手,这种压货也是很难躲过去的。那么,经销商该如何来面对这些问题呢?

首先要搞清楚厂家年末压货的决策是来自厂家的哪个层面,背后的目的是什么,若是厂家高层的决策那还好办些,压下去的货还算是有人管,就怕是厂家驻地机构或是厂家业务人员为了自己的个人收益不受损失而对经销商进行压货,这种压货是顾头不顾尾的,只管把货压下去,不管后面的消化及对次年销售的影响,更不管经销商的资金和精力是否被这些压货所挤占或牵扯,给经销商带来巨大的伤害。为了避免做厂家中层、基层人员及部门小利益的牺牲品,经销商在接到年末压货通知后,应及时与厂家高层及其他经销商验证,不要被这些"二道贩子"给蒙了。如果明确下来是厂家高层的决策,那就只有面对了,这个面对的重点就在提前预防上。

经销商应在九、十月份就主动出击，设法了解厂家在最后一个季度所能出现各类会导致压货的状况，例如，到年末会不会出现产能过剩的情况，厂家是否会在明年初推出新产品，现有的老产品如何来调整，厂家的商业贷款是否会在年终偿还，厂家在明年初是否要上大的投资项目等，这些因素都会导致厂家高层决定在年终进行压货，了解到这些情况后，经销商就要进行相关方面的准备了。

（一）提前控制销量

压货数量分为两种，一种是经销商可接受范围内的正常压货，还有一种已经超过了经销商正常出货能力的超量压货。厂家的年终压货基本上都是超量压货，要是规规矩矩接受厂家年终压货，没有几个经销商能吃得消，那么，在此之前就要做准备了。在分析了解当地市场年终预估销量的基础上，有意地控制十月、十一月的进货量，为后期年终压货做好准备，留有一定的缓冲预存量，即便在最后一个月吃了厂家不少压货，但所造成的超量压货数量还是能有效地减少的。

（二）压货的处理措施

一般来说，厂家高层决定的年终压货都会负责任，对这些压货的消化问题一般都会拿出一些方案，例如，增加市场投入、增加进货奖励政策等，厂家在接到压货通知后，首先就要迅速了解厂家高层对过量压货所带来的后果是否考虑清楚，有没有准备好相应的解决措施。

（三）趁机处理积压事务

经销商与厂家这一年生意做下来，自然有不少纠纷扯皮的大小问题，趁这个压货来临之际处理这些历史遗留问题。经销商必须提前准备好相关的谈判资料，例如，前期的垫支费用问题、市场投入问题、年终返利问题、优秀经销商的问题、市场遗留问题等全部整理好资料，在明确厂家是死活都要压货后，就把这些东西完整地抛出来与厂家谈判。这货不能白压，既然躲不过去，就得积极备战，主动应对，厂家为了获取更大利益，在这个时期会舍得花小钱的。记住，过了这个村可就没下个店了。

通过以上种种分析、预防、准备等措施，把压货带来的风险及资金积压问题降到最低程度，并且，趁这个机会也能解决不少困扰经销商的历史遗留问题。

三、经销商慎接厂家新产品

在每次的糖酒会结束过后，众经销商和众厂家纷纷打道回府，各自回家盘点收获去了。对于经销商而言，参加糖酒会，就是为了接触新厂家，了解新产品，把握新动向，对一些感兴趣的产品，一般还会和厂家签个意向性的合作协议。而对于厂家而言，经销商所签署的意向性协议仅仅只是销售工作的一个开端，为了把经销商所签署的意向性合作协议转变成实质性的合同，以及随即转换成真金白银的打款进货，众厂家的业务人员在会议结束后，随即奔赴各地，进行后期的跟进拜访。当然了，从糖酒会上一直跟到经销商的领地，就不仅仅是拜访这么简单了，众厂家的业务人员无不施展种种手段，动之以情，晓之以理，想方设法对经销商进行洗脑，让经销商从思想上接受实质性的合作，进一步促使其签署正式的合作协议，并且督促其随后的打款发货，从而完成厂家业务人员的职责和任务所在。

但是，从经销商角度而言，糖酒会上许多意向性的协议往往是在一个特定的氛围感染下所签署的，例如，在某个人头攒动的厂家展厅，或是在某个厂家的豪华新产品现场发布会上，或者是在某个老熟人的推荐之下（给个面子）等等。受其气氛感染，经销商老板心情澎湃激动，甚至是酒酣耳热之际，大笔一挥，签了下来，但回来后冷静一想，这个厂家的生意似乎做不得，或者说不能一开始就做得这么大。但面对着随即而至的厂家业务人员一波波的洗脑攻势，经销商们也着实头疼，也不乏有一些被厂家业务人员说动了心，从心动到行动，稀里糊涂听从厂家业务人员的安排，打款发货。

其实，经销商在糖酒会上签下的意向性协议，都是在脱离其所熟悉的地域和环境，并且又是在老板个人单向思维分析判断的情况下，草签而成的。对厂家、对行业、对产品没有过多的理性判断，而仅仅只是凭借当时的感性因素促使，经销商老板回到家后，自然要进行重新的冷静分析与斟酌，并且有的经销商还会进行一些小范围的市场调查，进一步确认打算承接的产品是否适合自己，适合本地市场。一般来说，经销商在糖酒会上所签署的意向性协议，后期真正承接的，不过十之二三。

而对厂家业务人员来说，他们是不管这些的，既然是签署了意向性的协议，那自然是打算做了，剩下来的，无非是想方设法通过洗脑的方式，坚定经销商的信心与决心，然后使其从思想转换成行动，乖乖地把钱掏出来，把货买进来。掏钱的动作是由能赚更多钱的思想所控制的，于是乎，对经销商进行种种洗脑方式自然也是必然。首先是对经销商一顿吹捧，言称经销商老板慧眼识商机，能从整个行业的发展大趋势来判断和分析未来走向，高明地选择了某某产品，而且，还表现得很有魄力，及时地与厂家签署了合作协议，果断地抓住了商机，显示出老板非同寻常的雄才大略……此外，比较常见的说辞还有：

该产品市场前景极为看好，利润空间大；

某某市场经销商靠此产品赚得如何如何；

目前已有多家本地经销商在争取经销权；

厂家总部极为看重本地市场，计划进行重量级的市场投入；

本产品的竞争对手已经被我们远远地甩在身后；

厂家现在有更大力度的进货奖励政策，时间有限；

……

说来说去，核心无非是这个产品非常可做，更有钱赚，机会不多，争抢者不少，要想做就赶快。

当然了，也并不是说，这经销商在糖酒会上所看中的产品、所签下的意向性协议都是一时心血来潮之作，或者说这些产品都经不起后期的冷静评判。关键是，厂家业务人员紧跟而来，通过种种方式手段对经销商进行洗脑，促使经销商落实到具体合作的根本原因在哪里？

从笔者的经历分析来看，厂家业务人员之所以对经销商进行洗脑，原因不外乎以下几种。

（1）从厂家总部的整体市场规划而言，实在是打算开发本地市场。这种原因倒也不错，毕竟是厂家打算认真做市场。

（2）厂家的业务人员为了完成自己的市场开发任务。

（3）在糖酒会上，往往都是厂家的中高层与经销商签署意向性协议，在厂家的中高层看来，我都已经把这经销商搞定了，现在派你们这些业务人员出去，只不过是跟进一下而已，若是没把意向性的协议转换成实质性的打款发货，那恐怕只是业务人员的无能了。这些厂家的业务人员谁也不愿意戴"无能"的帽子，自然是要想方设法对经销商实施洗脑。

（4）也不排除许多厂家业务人员为了获取短期的销售奖金，不顾此经销商是否适合经销商这个产品，管他三七二十一，先想办法让经销商打了款，发了货再说，待其个人奖金拿到手，再说别的。这种情况对经销商的危害是最大的。

当然了，经销商也很难鉴别厂家业务人员前来的真实意图，但是，防患于未然，自己就首先要搞清楚，在糖酒会上所意向承接的产品是否适合自己，适合当地市场，并且，主动进行内部的员工和外部客户意见收集，及早地明确哪些产品确定接下来，哪些产品暂时不适合当前阶段承接经销。为了避免厂家业务人员前来的洗脑攻势，经销商应提前做好几件事。

（1）明确承接的产品，主动与相关的厂家业务人员联系，要求其准备好完整的市场计划和政策前来进行具体的进一步沟通，并及时与当时签署意向性协议的其他区域经销商保持联系。

（2）对一些尚无法判断是否承接的产品，应主动联系此产品的其他意向性或是已经在做的外区域经销商，了解其真实的市场状况以及厂家的配合状况。

（3）对一些明确不做的产品，应主动与厂家的中高层联系，表明态度，避免其给下级业务人员压力。不然的话，这个压力迟早会转嫁到经销商头上的，这些厂家业务人员受其上司的压力，死活都是要来给经销商洗脑的。

（4）即便已经明确要合作的厂家，作为经销商老板，一定要打听该厂家业务人员收入的组成形式，例如，销量与奖金的关系、每年的兑现形式和时间段等信息，避免业务人员为了自己的个人利益，而哄骗经销商投入资金和市场资源。

即便是一些明确合作的厂家，在合作的形式与规模、打款金额等问题上，也会存在厂家业务人员向经销商洗脑的状况出现。为此，经销商应变被动为主动，主动进行市场调查分析，并向厂家出具报告，要求厂家在经销商的实际销售网络和市场实际状况的基础上，再来谈什么是合适的合作方式和进货额度。并且，要求厂家业务人员自己来收集整理其在其他区域的经销商的市场开发方式和销售进度，经销商老板自己要保持联系沟通，这样，以事实作为基础，对厂家的业务人员的信口开河进行一定的制约作用，洗脑也就无从谈起。

第八章　创新厂商关系

经销商与厂家，原本就是一个整体，拥有共同的利益点，不管合作中出现多少的矛盾和冲突，最终依然是谁也离不开谁。而随着时代的发展，厂商关系也在不断变化着，不管是厂家，还是经销商，都要跟得上时代的节拍，加强双方的合作关系，踏上共赢之路。

第一节　厂商关系的变异

一、利益博弈下的厂商关系揭秘

许多的大中型厂家都拥有自己的经销商群体，这些分布在全国各地的经销商群体组成了厂家庞大的销售网络，发挥了厂家产品销售的重要中间环节作用，这些经销商群体与厂家都是因为利益而结合在一起的，也都是因为利益才会反目成仇、分道扬镳乃至大打出手的。厂家与经销商的合作过程也是个利益不断分配调整的过程，在厂家刚进入市场的初期，厂家把大量的费用投在市场开拓上，产品成熟后，厂家再从成熟产品上赚取大量的利润，产品老化后，厂家再投入新产品，如此这般，周而复始。若是始终能保持给经销商一定的利益，倒也合作愉快，相安无事，但是，所谓在商言商，厂家和经销商双方都在想方设法让对方多投入，多承担风险，为自己争取更多的利益。出于实力及脑力资源的绝对优势，厂家在这个方面占据着较多的优势，但是，随着经销商群体中高学历、高智商的新型经销商陆续出现，这个厂大商小的格局也在被逐渐改变。

水可载舟，亦可覆舟，如何稳定并管理好这些经销商群体就成为厂家战略部署中一个很重要的环节。但是，经销商毕竟不是隶属于厂家的，厂家也不能用行政命令来要求经销商这样或是那样，只有通过利益吸引的办法来管理和控制经销商，当然了，许多利益并不是当时就能体现出来的，许多产品都要经过一段时间的市场投入铺垫运作之后才能产生效益，那么，在产品没有产生效益之前，就得通过某种方式给经销商以信心和希望，这个方式最合适的莫过于样板的作用了。

在以前，基本上都是厂家有意识地发展培养几家样板经销商，作为管理经销商群体的工具之用。但是现在，有些经销商看穿了其中的门道，为争取更大的利润收益，主动站出来要做厂家的样板经销商，并且接受一些特殊的厂家作秀安排，在经销商群体中传达厂家的战略意图，或者是配合厂家进行一些政策宣扬工作，他们还为厂家进行经销商群体状况的情况了解与调查。所以，笔者称这些主动站出来配合厂家管理经销商群体的经销商为样板经销商。

二、从厂家的角度来看，发展经销商的目的和作用

首先，我们来回顾一下厂家与经销商之间的基本关系。从根本上来说，厂家为什么要找经销商，其本质就是了利用经销商的资源，利用经销商所拥有的资金、仓库、销售网络、市场服务能力等各项资源，减少厂家的市场建设投入，转化风险。至于厂家为什么要管理控制经销商，其本质就是为了确保经销商资源的最大化使用，并保持这个资源利用的长期性和可控性。

笔者在这里解释一下，什么是经销商资源的最大化使用。每个经销商手头都掌握着大小不等的各项资源，并且绝大多数经销商是同时经营着若干个厂家的若干个产品，经销商手头所掌握的资源不可能平均分配给每个厂家或是每个产品，而肯定会侧重分配给一些经销商认为比较重要的产品，几乎所有的厂家都在想方设法让经销商把更多的资源倾斜在自己的产品上面，这就是经销商资源的最大化使用。

如何评判出重要的产品经销商呢？

（1）产品本身已经比较成熟，今天进来明天就能迅速地销售出去，能很快产生利润；或者是产品本身有其他功能，例如，带货或是提升经销商本身品牌形象等当前就能体现出来的作用。

（2）某项产品当前尚处在培育阶段（比如说新产品），但在不远的未来将能给经销商带来较大的收益，经销商也会倾向培育这些资源。

若是第一种情况，厂家是很省心的，因为这个阶段基本上都是经销商围着厂家转，带款带车到厂家上门提货并不鲜见，实力强的厂家预收货款也很常见，生意做到这个份上当然轻松了。问题是第二种情况，要想经销商为这个当前还没有利润产出的产品耐心地培育市场，就必须要建立经销商对产品对厂家的信心，这个信心怎么建立可就是个技术活了。当然了，大家在商言商，经销商不可能全盘接受厂家的正面宣传。

若只是新产品上市时的样板鼓动作用，倒也不至于人家做样板经销商，更为关键的作用在后面，许多厂家为了深化控制经销商市场，经常使的一招就是通路扁平化。收缩经销商的经销区域，分流经销商的经销产品项目，以及从经销商手里把对二批商的管理权接过来，逐渐把经销商的地盘和渠道控制力缩小，大大削弱经销商与厂家抗衡的力量，同时也大大减小了经销商对当地市场的影响力，这就是经销商们深恶痛绝的通路扁平化，很容易遭到经销商们的抵触和抗拒。当然，厂家的宣传中说得很好听："做大往往就是做滥，不如做精做透。"这个时候，样板经销商就开始发挥作用了，通过各类厂家组织的经销商集会或是厂家的内刊，从正面来阐述自己自从进行专业化深度经营后所取得的更大收益，还会一一列出以前粗放式大范围产品经销的种种不利因素，从一定程度上打消经销商的抗拒心理，描绘出一个专业化精细化市场操作的灿烂未来，并且深入到经销商群体之间，了解其他经销商对厂家通路扁平化的种种反应及对抗方式，及时汇报给厂家高层，便于厂家制定出相关的措施。从这里开始，厂家开始展现其"坏人"的一面（在商业场合，通过种种方式夺取原本属于对方的利益，当然被受损方视作"坏人"了）。

样板经销商还有一种功能是体现在市场费用的分摊上，在五六年前，市场的建设费用基本上都是厂家出钱的，厂家不但要为经销商进行当地市场的广告投放，报销进场费、陈列费，还要派驻地市场服务人员帮经销商跑市场，还要安排服务车辆，安排各类线下市场推广活动，甚至还会为经销商租仓库，真可谓是全方位的服务。但是，随着市场和产品的一天天成熟，市场的维护费用也是越来越大，厂家的算盘也是越打越精了，便开始全线压缩市场费用的投入额度及项目，让经销商自己掏腰包来支付各项费用。当然，要求经销商逐渐地开始接受自己掏腰包进行市场投入不是件容易的事，除非所进行的投入能带来合理的回报和收益，于是，样板经销商的作用在这里又一次得到了体现。样板经销商同样会通过种种方式，教育其他经销商进行投入产出率的计算，并现身说法，以自己对市场投入的实例证明，经销商对市场建设的投入能给自己带来更大的产出率，鼓励其他经销商们逐渐接受厂家的费用转移方案。

第二节　厂商合作关系的新机会

在国内的商品流通领域，私营的经销商已经成为中间渠道商的主体，尤其是在快速消费品领域，从20世纪80年代中期至今，遍布全国城乡各地的私营经销商所组建起的庞大分销网络，构建了中国商品流通领域的主体部分，这点尤其是体现在快速消费品行业。

　　在商言商，经销商做生意的最终目的必然是为了营利，作为对营利目标的保障和支撑，其中必然存在许多需求，例如，产品、市场支持、管理模式的借鉴，这些需求的供给方又多来自经销商的上游合作方——厂家，但是，在不同的时期经销商对厂家也存在着不同的需求。

　　在20世纪80年代中期到80年代末期，国内的经销商刚刚起步，对厂家也没有什么高要求，经销商对厂家的需求就是要有能赚钱的产品，一个简单的衡量标准就是好卖不好卖。厂商的合作关系也很简单，款到发货就行了。

　　90年代开始，品牌消费意识逐渐深入人心，广告时代来临，往往是什么产品的广告火，这个产品能就火起来，有广告才能卖得好，这又成为经销商们新的共识。经销商们也开始希望厂家能在品牌宣传上有所侧重，能有足够的实力进行产品宣传工作。当时，经销商与厂家谈判最多的一句话就是：广告力度大不大？

　　90年代中期，受东南亚企业为主的外企影响，许多厂家的工作重心由天空转向地面，通路精耕的观点开始被越来越多的企业所接受，经销商由此也感受到了销售网络精细化操作带来的收益。从这个时候开始，有些经销商开始有意识地向厂家学习销售网络精耕的方式方法。要说以前经销商对厂家的需求是要有赚钱的产品，那么从这个时期开始，经销商们开始有意识地向厂家学习赚钱的方法。

　　到90年代末期，厂家市场精耕和通路扁平化开始显现出其另外一个作用，就是厂家开始直接掌控市场，掌控通路，掌控终端。许多厂家开始大量设立驻地机构，越来越多地参与到本地的市场经营活动中，引起一些经销商的不安，担心这个趋势发展下去，自己被取代也是迟早的事情；另有一些经销商却从中看到了新环境变化的大趋势下自我的提升要求，为了保持足够的竞争力，一些经销商主动地迎风而上，主动地前来学习厂家驻地机构是如何来运作市场的，到底有哪些先进的地方。厂家驻地机构与经销商同时运作市场，最主要的区别就是内部管理问题。这个时候，向厂家学习内部管理成为许多经销商进行学习的主要选取方式，所以出现了许多经销商想方设法争取著名企业大品牌的经销权乃至分销权，并不在意能在这些大品牌上赚多少钱，而是希望能通过双方的合作，借鉴学习到厂家先进的内部管理经验和市场运营技巧。

　　21世纪，市场环境又发生了更大的变化，越来越多的厂家都开始玩通路扁平化，KA终端的大量出现，经销商同行之间的竞争开始进一步加剧；同时，由于营业额的膨胀必然导致内部机构、人员数量的膨胀，管理的难度和成本越来越高，经销商仅有的那点管理和操作水平已经越来越难起作用了，外部的问题也好，内部的管理也好，都是亟待解决的，否则，将很快被市场淘汰或被竞争者挑下马。这一点，许多经销商都很明白，所以才会有越来越多的经销商开始有了学习的念头。

学习使人进步，学习是解决问题的主要方法，那具体怎么来学习呢？向谁来学习呢？无非通过以下几种渠道和方式。

一、请教专业的咨询公司

从安全性和效果的角度来说，请专业的咨询管理公司是最好的了，可以解决绝大部分经销商的管理和运营中的问题。但是，一来目前咨询公司绝大多数都是面对制造商层面的，缺乏熟悉经销商问题的咨询公司；二来咨询管理公司的费用昂贵，大部分的经销商都承担不起。

二、自己摸索

若是自己摸索学习，犹如瞎子摸象，基于经销商老板个人的知识结构和思维模式的问题，很难有突破性，局限性强，或者是缺乏一个全新的角度来审视自己的问题，再说，自己摸索出来的解决方案只有拿自己的公司进行验证，风险过大，且耗时很长。

三、向同行学习

借鉴同行的经验大概只能借鉴一些表面的、浅性的方式方法，对方是不会轻易和盘托出核心的东西的。

四、向厂家学习

向厂家进行深度学习应该是不错的选择，厂商之间的交往合作历史基本保证了厂家对经销商情况的熟悉。同时，进行高度企业化管理的厂家有很多东西可以移植复制给经销商，在人力资源管理、财务管理、资讯收集整合、仓储物流管理等方面都足够胜任经销商的老师。再者，从行业角度来说，厂家对行业市场的状况又有了足够的了解。

那么对厂家来说，这就是一个提升厂商合作的新机会，经销商作为销售网络中的主要组成部分，其安全性和稳定性是非常重要的，仅在产品层面现在也越来越难以满足了，经销商不断地要求厂家拿出更好的产品、更大的市场投入力度、更高的销售利润，厂家的新品开发能力和市场投入资源也是有限的，不可能总是满足经销商这些方面的需求，何不趁此机会用另外一种"产品"来满足经销商。这个"产品"就是"为经销商咨询"。

与以前经销商单方面地向厂家学习有所不同的是，厂家的"为经销商咨询"就是主动地为经销商提供指导咨询服务的项目，厂家应设立专门的部门，采用外聘专家或是与咨询公司联手的方式，组建专家队伍。这里要注意的是，厂家提供的服务专家与销售业务人员不是一回事，为经销商提供咨询服务和与经销商做生意是两条线，部门和人员都得分开，以免经销商以为这个咨询服务仍然是销售的附属，从而降低认可度。

针对所属经销商群体，提供专业的内部管理及外部运营的咨询服务，作为经销商在内部管理和外部运营方面的老师和专家，带给经销商专业的指导，更会带给厂家更大的收益，比如，加强了与经销商的合作关系等。

在具体的操作上首先要设定咨询项目，咨询项目主要分为经销商内部管理咨询和外部营运咨询两大块，提供情况问题收集汇总分析、指导方案出台、改革项目跟踪、经销商人员专题培训等咨询服务项目。这里需要注意的是，在帮助经销商进行内部管理的企业化进程中，也不能完全照抄厂家目前的管理模式，因为厂家与经销商之间还存在着不少差异，作为厂家的经销商咨询服务人员，必须专门为经销商来设计符合经销商特性的内部企业化管理系统，外部的营运问题同样如此。

在具体的步骤上首先要提出问题，以增强经销商的危机感，收集相关的经销商负面事故案例，进行简要分析后，以企业简报、企业内刊的形式传递给经销商，不断地给经销商灌输反面教材，引起经销商对这些问题的关注，制造、增加经销商的危机感。同时，厂家的咨询专家也得拉出一两个正面样板出来，当然，为经销商的咨询服务必须从一些大型经销商那里先做起，给经销商群体制造出一种感觉，那就是在一定规模上的经销商才能享受到的特殊服务项目，增加经销商对咨询项目的价值观念。

厂家组建经销商咨询服务项目给经销商带来的不只是管理的方法，更是发展的方法，从根本上满足了经销商对未来发展支撑动力因素的需求。同时，厂家由此将紧密厂商关系，最大限度调用经销商资源，阻击竞争对手的产品，促使销售网络建设和销量上得到多方受益。

第三节　新型厂商关系的构建模式

一、厂商博弈的本质

厂商关系的实质到底是什么？笔者认为是在博弈中的利益平衡。厂商博弈，这是很正常的，国与国之间也在博弈，人与人之间也在博弈，企业与合作伙伴之间也在博弈，经销商和顾客之间也在博弈，二者博弈的本质是利益平衡。

（一）经销商经常给厂家带来负面问题

1.不努力完成任务，却按完成任务要返还

经销商签了六百万的任务，结果年底完成了五百五十万，"哎呀就差五十万，你（厂家）就按六百万，把那五个点给我吧"。厂家不给，经销商就特别不高兴。有些弱势的厂家，特别是化学药品企业，遇到这种情况非常多，最后很无奈地就给了，不给经销商就不跟你玩了。但是有些强势的厂家，像生物制品的第一集团军，一般非常严格地按要求来，所以经销商年底就非常无奈地压货。

2.只卖高利润产品，畅销产品，不做新品推广

厂家做个新品推广难度很大，不断地教育经销商说："这个产品是最新工艺，非常好。"但是经销商说："你的产品太贵了，我费半天劲，到底卖好卖不好不知道。"所以经销商的习惯是卖高利润的产品，赚钱的尽量多卖，卖畅销的、好卖的产品，而不做新品推广。厂家要求的新品推广，经销商一般不主动去做。

3."冷落型"垄断

独家代理变成独家占有，精力却放在"别人"身上。经销商把代理权拿到手了，但是不全力推广，精力却放在"别人"身上。"虽然把你列为正宫，但我更喜欢妃子。"这就是皇帝的行为，也是经销商经常出现的问题。

（二）厂家伤害经销商也不在少数

厂家一般和经销商出现的问题，厂家是负面的。

1.促销压货却不帮助推广

厂家让经销商打了很多款，压了很多货，至于怎么卖，厂家认为是经销商的事。对企业来说，招商不难，难在养商；厂家如何帮助经销商把产品用在终端，这才是关键。

2.不及时兑现承诺

经销商按厂家的要求完成了任务，早就把款打到厂家了，但是厂家兑现的承诺——年底要给的返还，经销商催促了很多次，厂家往往延迟兑现。

3.产品不稳定导致经销商损失

经销商把产品卖了，但由于产品不稳定，丢掉了养殖场，丢掉了养殖户，丢掉了顾客，甚至有大型养殖场找索赔。经销商询问厂家，而厂家一问三不知，认为是经销商的事。

4."过河拆桥""釜底抽薪"

这个更可恶，经销商把市场做好了，厂家把他"休了"。在我国的动保行业，这种现象不在少数。

（三）厂商关系的实质：博弈中的利益平衡

1.经销商是厂家进入市场的"先头兵"

厂家要开发一个市场，往往要"利用"经销商。要知道"强龙不压地头蛇"，经销商就是"地头蛇"。以动物药品企业和生物制品为主的我国动保企业，试图干掉经销商，它一定比经销商死得更早。厂家要进入某一市场，是经销商给打了头阵了，因为经销商熟悉地域，熟悉风土人情，熟悉客户需求，并且有自己的人脉圈子，这都是经销商的优势。

2.经销商是厂家在当地的"销售经理"

很多经销商试图打造自己的品牌，我更建议以厂家的品牌作为自己的品牌来推广，只要和厂家设置好合作关系的规则就够了。经销商以厂家的"销售经理"出现的时候，经销商的生意会更好做。

3.经销商是厂家的"地方割据者"

尤其是厂家做的一些省级代理商，往往在厂家的地位比较强势，就是代理商的地位比较强势，因为控制着整个地区。所以经销商也是一个"地方割据者"。既然是"地方割据者"，所以有时候也会对厂家形成威胁。

4.经销商是厂家的"合作伙伴"

既然是合作伙伴，就有合作的规则和利益的诉求。合作规则更重要。之前朋友圈有一篇"热文"《合伙人合的不是钱，而是人品》，这种观点很可笑。合伙人合的是游戏规则和利益互补，从来不是人品。决定人品有三个要素：遗传、环境、情景。这三个要素中"环境"和"情景"是经常会改变的，这就会导致人的"人品"会随着环境和情景的变化而发生变化。"人品"决定个人的高度，规则才决定合作团队的高度。

厂家是经销商的"兵工厂""大后方"。经销商将来打仗的"武器"是厂家提供的。你武功再好，没有好的武器也不行。厂家的"兵工厂"造出的"武器"越先进，经销商将来开拓市场越得心应手；厂家供应"武器"源源不断，不断创新，经销商就"越打越有劲"。

二、新型厂商关系的内涵与特征

（一）新型厂商关系的内涵

新型厂商关系就是基于长久发展的需要和对价值的共同追求，零售商和制造商通过资源共享、专业分工、优势互补和相互支持，提升整个利益链条的价值并进行合理分割，从而更好地服务于消费者，最终达到战略协同、共担风险、共同获利的战略合作伙伴关系。

厂商关系的焦点在于利益的分配，但其前提是首先要创造出利益来。供应链合作伙伴关系产生和维持的前提就是企业加入供应链合作联盟所产生的收益应该比不加入供应链时的利润多。家电零售商和制造商是家电产业链上两个最重要的环节，各自具有不同的竞争优势，创造价值的方式也不一样，而且都面临着与现有和潜在对手的横向竞争。为了能在激烈的竞争中获取优势，唯一的方法是把有限的资源集中到少数几个能够为顾客带来独特价值的业务上，并且选择同样具有竞争优势的合作伙伴来协调价值链上的其他环节。这样，零售商和制造商集中精力在各自具有比较优势的环节上发展自己的核心竞争力，并在薄弱环节上展开相互合作，聚合彼此的获利能力，从而形成更大的合力。由此，价值链中的每个环节都分别由效率最高的合作伙伴来完成，实现了各个环节对价值链增值的贡献最大化。相应地，价值链上各节点企业自身也实现了最大限度的价值增长，最终达到了共赢的协同效应。这是建新型厂商关系的基本依据和思路。

（二）新型厂商关系的特征

通过与传统供应关系比较，新型厂商关系具有以下几个鲜明的特征，见表8-1、表8-2。

（1）以实现系统双赢为目标。

（2）制造商与零售商核心能力相互融合，共同致力于为顾客创造价值。

（3）两者高度的信任机制。

（4）双方有效的信息共享和交换。

（5）长期稳定的供应合同。

表 8-1　新型厂商关系与传统供应关系比较

项目	传统供应关系	新型厂商关系
供应主体	产品	产品、服务、技术、知识
供应商选择标准	首先强调价格，其次是质量	并行考虑，多标准因素
稳定性	变化频繁	长期、稳定、紧密合作
合同性质	短期、单一	长期、开放式合同
合同签订频率	高	低，较固定
供应商数量	大	小
供应商规模	小	大
供应商范围	主要在本国	全球范围
信息交流	信息专有	信息共享

表8-2　供应链合作伙伴关系的好处

对于零售商	对于制造商	对于双方
■降低成本（降低合同成本）	■保证有稳定的市场需求	■改善相互之间的交流
■实现数量折扣、稳定而有竞争力的价格	■对用户需求更好地了解和理解	■实现共同的期望和目标
■提高产品质量和降低库存水平	■提高运作质量和生产质量	■共担风险和共享利益
■改善时间管理	■降低生产成本	■增强矛盾冲突解决能力
■交货提前期的缩短和可靠性的提高	■提高对买主交货期改变的反应速度和柔性	■订单、生产、运输上实现规模效益以降低成本
■对市场变化更快的反应速度	■获得更高的（比非战略合作关系的供应商）利润	■减少管理成本
■强化数据信息的获取和管理控制		■提高资产利用率

三、构建新型厂商关系的理论基础

（一）供应链相关理论

供应链（supply chain）是把企业从原材料及零部件采购、运输、加工制造、分销直至将商品最终送到顾客手中的整个过程看成是一个环环相扣的链条，称之为供应链。全球供应链论坛修订的定义是"供应链是从最终用户到最初供应商的所有为客户及其他投资人提供价值增值的产品、服务和信息的关键业务流程的一体化"。这里的业务流程实际上包括了两个相向的流程组合：一个是从最终用户到初始供应商的市场需求信息的逆流而上的传导过程；二是从初始供应商向最终用户的顺流而下且不断增值的产品和服务的传递过程。

供应链管理，通常是指在满足一定的客户服务水平的条件下，为了使整个供应链系统成本降到最低，而把供应商、制造商、仓库、配送中心和渠道商等有效地组织在一起进行产品制造、转运、分销及销售的管理方法。也有学者将供应链管理定义为：是以提高企业个体和供应链整体的长期绩效为目标，对传统的商务活动进行总体的战略协调，对特定公司内跨职能部门边界的运作和在供应链成员中跨公司边界的运作进行战术控制的过程。

虽然供应链管理的定义表述各不相同，但基本上都体现了以下管理思想。

1.系统思想

系统论已经在管理学中得到了广泛的应用，采用系统的方法是供应链管理的一个重要思想。这时，企业不再封闭而孤立地看待企业的采购、生产和销售等经营活动和过程，而是突破企业界限束缚，将企业的产、供、销与其他市场实体建立外部联系，将供应商、生产商、分销商以及消费者视作一个有机联系的整体，把产品在满足客户需求过程中对成本产生影响的各个成员单位都考虑在内，通过集体目标统一协调管理所有成员的信息流、物流和资金流，取得企业之间超越组织界限的集成和整合。

2.共赢思想

供应链管理在本质上是建立在协同和共赢的信念上的。建立在相互信任、互利及长期发展基础上的信息共享和经营合作，将最终消费者的需求转化为所有参与者的集体行动，这对每一个参与企业都是有利的。经济主体之间协同合作伙伴关系替代了传统的你死我活的竞争性关系。供应链管理目的在于追求供应链的整体效率和整个系统费用的有效性。因此，供应链管理的重点不在于使某个供应链成员的运输成本降到最低或减少库存，而在于通过系统方法来协调供应链上的全体成员，把更好地响应和服务于消费者需求作为行动指南，使整个供应链成本最低并处于最流畅的运作中，致力于共赢前景的实现。

3.集优思想

供应链管理是具有一定专长和市场竞争力的企业之间的一种合作性安排，是一种高效的价值共同创造活动。供应链节点选择遵循强强联合的原则，聚集最具有市场竞争力的单元，通过优势互补和发挥整体效能，将单一企业的核心竞争力融合为供应链的整体竞争力，极大地提高供应链的市场竞争优势。

（二）战略联盟的相关理论

20世纪90年代，美国DEC公司总裁简·霍普兰德（J.Hopland）和管理学家罗杰·奈杰尔（R.Nigel）提出了"战略联盟"的概念，即由两个或两个以上具有对等经营实力的企业（或特定事业和职能部门），为了达到共同拥有市场、共同使用资源等战略目标，通过各种协议、契约而结成优势相长、风险共担、要素水平式双向或多向流动的松散型网络组织。战略联盟多为长期联合与合作，是自发的、非强制的，联盟各方仍旧保持着原有企业管理的独立性和完整自主的经营权。1997年，普瑞斯（Kenneth Preiss）、戈得曼（Steven L.Goldman）、内格尔（Roger N.Nagel）在合著的《以合作求竞争》一书中提出，新型企业没有明显的界限划分，其作业过程、运作系统及全体职工都应与顾客、供应商、合作伙伴、竞争对手相互作用和有机联系在一起。只有这样，企业才能走出孤立交易的小圈子，进入相互联合的王国，获取竞争优势。这种相互联系、相互影响的组织关系形式就是战略联盟，其竞争优势表现在通过建立联系实现互利而创造的价值上。

企业为什么要构建战略联盟？战略联盟的优势是什么？一个企业在与其他企业组成团队时需注意哪些因素？管理大师彼得·德鲁克（Peter F.Drucker）把联盟

看作"从不协调中创造协调"的最灵活的手段，泰吉等人把战略联盟看作弥补战略缺口的手段，但是他们的观点过于笼统。美国管理咨询专家林奇（R.P.Lynch）则对此进行了详细阐述，认为公司进入联盟往往怀有三个意图：达到战略目标、在增加收益的同时减少风险、充分利用宝贵资源。并指出战略联盟存在一些需要予以重视的问题。

1.战略联盟的优势

战略联盟可为合作双方提供下列其他机制中所不具有的显著优势。

（1）协同性，整合联盟中分散的公司资源，使之凝聚成一股力量。

（2）提高运作速度，尤其是当大公司与小公司联合时更是如此。

（3）分担风险，使公司能够把握伴有较大风险的机遇。

（4）加强合作者之间的技术交流，使他们在各自独立的市场上保持竞争优势。

（5）与竞争对手结成联盟，可以把竞争对手限定到它的领域内，避免双方投入大量资金展开两败俱伤的竞争。

（6）通过联盟可获得重要的市场情报，顺利地进入新市场，与新客户搞好关系，这些都有助于销售的增长。

（7）组成联盟可给双方带来工程技术信息和市场营销信息，使他们对于新技术变革能够作出更快速的调整和适应。

（8）营销领域向纵向或横向扩大，使合作者能够进入新的市场，进入单方难以渗透的市场。一旦战略联盟管理有方，合作双方将比单方自行发展具有更广阔的战略灵活性，最终可以达到双赢。

2.减小联盟的风险

战略联盟与兼并收购相比具有许多优势。实际上，在企业达成一项并购所花费的时间内，它可以构建出数个联盟，而且不必承受可能招致额外债务负担的风险，也可避免并购中最常见的因公司文化和管理风格不相容导致并购整合失败的弊病。企业可以通过以下努力减少战略联盟的风险。

（1）谨慎选择结盟对象。没有互补性资源优势的企业不应作为联盟对象，联盟各成员企业间还应真诚合作，诚信为上。

（2）实施战略联盟内部的有效管理。组建战略联盟的优势之一是通过结盟简化交易过程，降低交易成本。

（3）加强联盟内各成员企业间关系的协调，保持信息的畅通。

（4）合理的利益分配和风险分担。

（5）要有应对战略联盟变化的策略。

（6）正确认识战略联盟的解体。

四、新型厂商关系的构建原则

构建新型厂商关系是经销商职能演变的结果，是当今客户关系管理的一个主题，也是当今渠道变革对厂商关系提出的新的要求。因此，构建新型厂商关系必须遵循以下基本原则。

（一）核心能力原则

即要求参加战略联盟的合作伙伴，必须具有并且能为供应链贡献自己的核心能力，而这一核心能力也正是供应链所确实需要的，从而避免重复投资。厂家和经销商在各自区域和行业里具有相对的竞争优势，实力和理念相互匹配，才能够形成共同的目标，在营销策略、市场规划和发展方向上达成共识，从而采取步调一致的行动，把握快速变化的市场机会。

（二）平等对话原则

在战略联盟中，厂家抑或经销商各具优势，只是分工不同而已。厂家具有产品和品牌优势，而经销商具有渠道网络优势，双方地位是平等的。不存在谁控制谁的问题。只有确立对等意识，相互信任，尊重对方利益，才能真正建立起紧密和长久的合作关系。

（三）共同成长原则

厂家和商家都有赢利和发展的共同目标。商家希望扩大销售网络，提高经营和管理水平，做渠道领袖；厂家希望提高产品的市场份额，提升品牌的价值，做行业领袖。所以厂商之间要建立战略合作伙伴关系，就必须兼顾对方目标，相互支持，实现供应链总成本最小化，在促进对方目标实现进程中，加速双方的成长和发展。

（四）利益分享原则

厂商之间既是矛盾对立体，又是利益共同体。利益是关系的源泉，利益原则是一切商业关系的最高原则。战略伙伴关系同样是建立在相互利益的基础之上的。一方的获益不能建立在另一方的损失基础之上，任何一方不能获益都会导致关系的解体。所以，经销商在操作市场时必须考虑厂家的利益，包括利润和网络价值、品牌价值等，而合作厂家在制定销售政策时也必须保证经销的利润和相关市场收益。

（五）风险最小化原则

供应链运营具有一定的风险性，只不过在个体的合作伙伴之间得到了重新分配。联盟企业面临不同的组织结构、技术标准、企业文化和管理观念，所以必须认真考虑风险问题，尽量回避或减少供应链整体运行风险。

五、厂商战略联盟的建立

（一）功能角色转换

厂家成为赋能平台和支援中心，重点建设数字化中台，将对经销商的引导政策、服务功能平台化。在产品、品牌、新渠道、标准化上承担更多责任。

经销商往运营服务商转型。把精力放在"服务"上，例如，设计、体验、咨询、交付、售后等等。包括渠道商、工程商、合作商、加盟商，以及最终用户的个性化、定制化服务。

（二）打通数字化链路

经销商掌握用户信息，但缺少数据处理和运营能力；厂商能建立系统和中台，但难以收集有效资料。厂家要保障经销商"信息所有权"，及时反馈信息结果，让经销商见到效果，才能形成正循环。

当然，新时期的厂商"事业共同体"是个复杂系统，而且每个企业每个经销商的情况都不同，没有万能公式，需要大家统一共识下实事求是，具体问题具体分析，从简到繁从浅到深去探索。

（三）构建以顾客为中心厂商新型合作关系

"以顾客为中心"中，"顾客"是我们的终端用户，而不是厂家，因为厂家会说"经销商也是顾客"。从专业角度，"经销商也是顾客"这话是不对的。经销商叫作中间商。中间商是买来产品的使用权，是通过出让或转让产品使用权获取利益的人；顾客是买来产品自己使用的人。

厂家和商家最终是从顾客身上赚钱，厂商必须帮助顾客创造价值。顾客是什么？就是你的终端。有人说经销商赚的是厂家的钱，厂家赚的是经销商的钱。这种观点是错的。所以，厂商的利益是一致的。

以顾客为中心构建厂商新型合作关系，一般有五个步骤：提出顾客价值主张、痛点解决方案设计、营利模式设计、内部运营系统、外部合作模式。只有第一步"提出顾客价值主张"设计明白了，后面的四个步骤设计起来才会顺利。以顾客为中心的商业模式关键是确定目标顾客，另外了解他存在的问题，也就是了解他的痛点是什么，然后针对痛点设计解决方案、营利模式、内部运营系统、外部合作模式。

1.提出顾客价值主张

首先要确定谁是目标客户。我们服务的目标顾客到底是谁？有经销商说了"我们卖猪用疫苗，服务的顾客就是猪场"。问题是，一个集团客户跟不跟经销商打交道？不跟。每个经销商都要有自己匹配的目标客户。有的经销商擅长做大的养殖场，有的经销商只善于做小的养殖户。不是所有的猪场都是目标顾客，而是适合的才是。当"门当户对"的时候，生意才好做，"门不当户不对"生意非常难做。

我们要解决他们的什么问题？并不是所有的问题都能解决，只能解决我们能解决的，并且比竞争对手更有优势的。我们解决不了的，和竞争对手比没有优势的问题，我们不解决，交给竞争者就够了，因为这个市场不是一家企业或者一个人在玩。

厂商合作之前就要把顾客价值主张，就是为谁、解决什么问题，想清楚。厂家找的经销商，希望这个经销商多大多强。这能做吗？做不了。所以从一开始业务经理找经销商之后，要根据市场需求来设计合作的经销商。假如这个市场都是大规模的猪场，我们找了一群传统的只和小猪场打交道的经销商，这就从一开始设计就错了；如果这个地方都是小猪场，而你非要根据企业战略找经销商做大猪场，这也做不成。

2.痛点解决方案设计

我们抓住顾客的痛点。痛点是这个问题的存在使他很难受，使他的效益不好。顾客的痛点非常多，但是对我们来说，不是所有的痛点都是要解决问题的，而是解决我们擅长的问题。我们最擅长的，又是顾客最麻烦的，这样我们的优势就大了。我们希望解决的是最难的痛点，但我们不一定有能力。我们要解决的痛点和自身能力匹配，这才有价值。在痛点方案设计上，如何解决这些痛点，采取什么样的方案。方案上，应该以产品和服务为根本，如果离开产品和服务，解决问题就是空中楼阁。

3.营利模式设计

就是说确定营利来源，从哪个方向上赚钱。①针对谁。我们针对的到底是规模养殖场，还是小养殖场。②赚什么钱。我们赚的是养殖户的钱，还是第三方的广告，或者其他服务的钱。赚的什么钱有两个问题：第一，我们可能有生产资料，比如，疫苗、其他化学药品；第二，有的企业"反其道而行"，化学药品是免费，赚服务的钱，或服务收费，"反其道"有时候更有效，特别是跟常规药品的竞争。常规药品的竞争，价格是透明的，而服务的价格是算不清的，什么样的服务水平都有。③赚多少。垄断的产品和垄断的服务都赚得高，常规产品和常规服务赚得普通。④如何才能持续赚钱。这个非常重要，如果是赚一锤子买卖，这个容易，长久地赚，这个设计不容易。

4.内部运营系统

内部运营系统即内部组织架构及运营管理。

就是做这些事，我们内部组织架构怎么设计，像有部门的、有团队的，一般团队有十多个人的，都要考虑。另外，这里面还要有个设计，就是经销商和厂家之间分工，有哪些部分经销商不用自己设计，用厂家的技术经理和销售经理来代替。这也是一个好的选择，因为经销商自己设计，招不来那么高水平的人。

运营管理还包括人员素质的配套。如果人员的素质不配套，做这个事做不了或者没有能力去做，我们设计再好都执行不下去。所以提升人员素质，也是未来核心经销商，特别是想做大的经销商必须做的事。有两个方面，一个是参与厂家组织的培训，一个更重要的是自己要有想法。

5.外部合作模式

（1）选择和谁合作。经销商若和厂家合作，你会发现有好几个厂家，不同的厂家的合作模式不一样。有时候合作伙伴的地位决定了经销商的地位。当合作伙伴的地位很高的时候，我们平台就高了，那我们本身就高了。

（2）怎么合作。这个里面是有技巧的，比如说省代、市代，还是县代，还是通路结盟，还是成立合资公司，还是干脆用互联网模式来做。这就是合作模式的设计。我建议是，一个经销商由于你的市场不一样，个人能力和地位不一样，每个经销商都能有自己的想法来和厂家谈，但根本目的是通过合作，到底能不能做市场，能不能把市场做得很大。

（3）双方资源如何对接。厂家有什么资源，商家有什么资源，这两个资源通过什么方式能对接好，最终目的要达到1+1大于2的效果。

这样，以顾客为中心的厂商合作模式设计在未来的竞争中才会更有竞争力，出发点对了，其他的才可能对。如果从一开始出发点就错了，那么，其他方面的设计都没有价值。

（四）拔高厂商合作的营销高度

在不懂营销的几种表现中，最常见的就是"一脚踹"。即打款、发货、压货，这是典型的低档次的销售，上不了营销层次，更上不了高级营销层次，"一脚踹"太落后、太老掉牙，这样的模式在今天的时代，毫不客气地说，商家没前途，厂家没前途，必须改变。

营销管理也好、服务管理也好，厂家看重的是管理。实际上，管理和服务是一个问题的两个方面。管好渠道商，一定要服务好渠道商，只有服务到位了，管理才有力度。服务包含两个概念，一是服务最终用户，一是服务代理商，这里只讨论商家部分。实际上，厂家营销很大程度上是厂家给销售商，包括零售商、代理商、服务商的支持到位，市场总体管控严格方能出效益。例如，把串货、乱价认真地当回事进行管理，营销才能上境界。那么，营销管理和营销服务这两件事包括：第一，管价格；第二，管控市场授权，包括线上线下授权、协调和管理不同地区的代理商，以及处理因串货、乱价带来的冲突，并确保服务满意度。同时，给商家产品培训的支持、促销推广的支持、终端建设的支持，甚至包括导购员团队组建的支持、信用额度的支持等。尤其是服务管理的支持，除了服务补贴，还要提供及时的产品、技术、服务培训。

当厂家服务管理能力不到位时，只能服务到一级代理商。现在来看，显然不行，营销服务和营销管理还要逐渐下沉，实际上代理商本身带来的销售并不是很多，这当中要向下级批发，与二代合作，必须要管理细化。例如，提出管理考核要求，与代理商一起培训下级客户、终端导购，理顺一级客户和二级客户之间的关系、区域划分等。代理商数量再多，如果没有一定数量的网点或者网点覆盖率低，市场也做不好。所以，下级客户和零售终端的营销和服务管理也是优秀企业早就着手做的工作。

厂商合作中，厂家要做的事情很多，我们倡导的主要原则是，管理到位、支持到位，包括营销到位、服务到位，两手都要硬。

六、构建厂商一体化营销模式

任何一个成功的商业模式，一定是在产业链上有着明确的角色分工，才能价值最大化，否则，只会是一个阶段性产物。这点，我们从格力的"区域化销售公司"与娃哈哈联销体，可以明显得到答案。简单地说，厂家的核心价值在于"营"，重心是产品研发和品牌推广；经销商的核心价值在于"销"，重心是做好仓储、物流和促销等销售方面的工作。

对此，笔者归纳出以下几种厂商一体化营销模式。

（一）组合式销售公司

厂家与经销商共同组建销售公司，是厂商联手打造共赢平台的一种方式。通过这种方式，促使厂家和渠道两个不同利益关系的实体在风险共担和利益共享方面基本上重叠在一起，理念和向心力聚集在一起，真正体现出厂商高度一体化。

厂商共建销售公司，因为双方思想统一、目标共同、行为一致，所以更加容易实施深度合作，更加容易共同提高管理水平、经营水平、盈利能力等，彻底解决、避免诸如串货、倒货等市场运作困惑与难题。

组合式销售公司的一种典型是格力模式，即厂家让出股份或者参股共同组建销售公司。

格力电器通过让出公司的部分股权，厂商共建销售公司使核心经销商成为公司的主人，达到战略合作伙伴关系。这种厂商共建销售公司的厂商共赢模式，数年来一直是格力渠道营销成功的制胜法宝；这种最为简单、直接、少摩擦的厂商共赢模式也是格力空调数年来一直霸占着龙头老大地位的有力保障。

在中国白酒行业中，西凤酒于2013年度，开始与最大的经销商王延安合作成立合资公司，谋求解决销售过度依赖包销商这一顽疾。其中，王延安不仅是合资公司第二大股东，作为西凤酒最大的经销商，他旗下的凤翔德翔商贸有限公司还拥有陕西省内主销的"陕西西凤六年、十五年陈酿"品牌，拥有100多家4S店，2012年在公司进货销售7亿多元，占西凤酒销售总额的17.8%。同时，王延安还在合资公司任副董事长。

另一种是泸州老窖柒泉模式，即厂家不参与股本投入。

泸州老窖的区域销售人员和当地经销商共同入股，成立片区销售公司，资金全部由经销商出，董事长由经销商选举产生，但总经理由泸州老窖选派。据了解，在2009年4～6月分别注册成立了泸州老窖柒泉营销（华北、华中、西南）酒业股份有限公司，注册资本据称分别为2.7亿、1.4亿和1亿。

在这个模式中，涉及两方面人群的利益，一是泸州老窖片区销售经理们，在柒泉营销公司新的模式下他们拥有股权激励，自然会提高积极性；二是经销商股东，虽然"股市有风险，入市需谨慎"，但柒泉营销公司体系下，经销商与片区经理之间的距离更近，经销商之间的关系和利益分配也形成了一定的制度化，在这种情况下经销商互相"挖墙脚"的事情能有所避免，统一部署，协同作战，对推动市场销售有积极意义。泸州老窖公司，通过经销商股权模式改革可谓是一箭双雕，既增加了公司对渠道的控制力度，又大大激励了销售公司员工的干劲，从而在市场上获取更强的竞争优势。

（二）联销体模式

联销体营销模式首创于娃哈哈，它的核心思想在于：厂家掌握主动权，让利的同时对经销商严格控制。

娃哈哈联销体建设主要包括以下四个部分。

（1）保证金制度，经销商必须按年度缴纳一定的保证金，进货一次结算一次，娃哈哈则提供更多优惠，如高于银行存款利率的回报，对经销商销货指标，年终返利，完不成任务者动态淘汰。

（2）着手实施区域销售责任制，使经销商、二批商各得其所，互不侵犯对方的业务范围。严格划分责任销售区域，努力消灭销售盲区、杜绝串货现象。

（3）理顺销售渠道的价差体系，明晰经销商、二批商和零售终端的利润空间预期，同时实施利益的有序分配。

（4）建立专业的市场督导队伍和督导制度。宗庆后制定了一套销售业务员工作规范，并建立了一支市场督导巡检队伍和督导巡检制度。

1994年，深受应收款之害、渠道混乱的娃哈哈，开始寻找突围之道。如何让厂商利益的有序分配，让经销商有利可图，让经销商按照企业标准行事？宗庆后采取的策略是，不仅仅把经销商看作企业的客户，而是企业有机组成部分。

1996年始，娃哈哈第一次进行销售网络改造，即从国营批发渠道转到独具娃哈哈特色的联合销售体系上来。娃哈哈在全国选择了1000多家具有先进理念、较强经济实力、有较高忠诚度、能控制一方的经销商，通过支付经销商利息的保证金，顺势组成了能够覆盖几乎中国的每一个乡镇的厂商联合销售体系，与企业连成一线，形成了强大的销售网络。

娃哈哈制定的保证金制度，每年开始，经销商根据各自经销额的大小先打一笔预付款给公司，然后每次提货前，结清上一次的货款。年终付给其高于银行存款利率的利息，并根据公司的效益给经销商一定比例的奖励，实现了厂商双方利益高度统一，使经销商全心全意地销售娃哈哈产品。

联销体的成功构建不仅有效杜绝了坏账、呆账的产生，使娃哈哈的资产结构更加合理、流动性更强，而且大大激发了经销商的积极性，变一家企业在市场上单打独斗，为上千家企业合力与对手竞争，大大提高了娃哈哈系列产品的市场竞争力，使得娃哈哈的市场蛋糕越做越大。

在娃哈哈的联销体模式中我们可以获得以下七点启示。

（1）计一套合理的联销体利益分配机制。利益冲突是联销体是否成功的关键点，如果处理不好，就容易造成纠纷，甚至于使市场动乱。

（2）计一套严密的组织保证体系，因涉及面广，如果没有一套严密的组织制度和体系保证，就会是一盘散沙。

（3）注意控制渠道成本。自然分销是大部分快速消费品生存的基础，而且这种流动，客观上促进了自然分销，降低了渠道成本。但联销体一方面造成了垄断；另一方面不可避免地增加了流通成本。因此，建立联销体的企业一定要有一套控制成本的措施与手段。

（4）在稳定联销体渠道的同时，不要排斥与大型超市、百货的横向合作。

（5）联销体内部要建立优胜劣汰机制，及时淘汰不合格的经销商，补充具有优势的经销商。

（6）"承诺是金"，做企业，不仅要消费者相信你的产品，也要你的利益相关方——无论是经销商还是供应商——能够放心地与你合作，这就是"诚信"。

（7）要自己赚钱，首先要让别人赚钱，要做到"双赢"。

（三）联营分厂模式

所谓联营分厂营销模式是厂家和经销商共同在经销商所在地创办分厂，转变经销商单一角色定位，变单一经销厂家的产品，为销售"我们"的产品，抱团"打天下"，从而风险同担，利益均沾，起到共赢的良好效果。当然，经销商在购买厂家的品牌使用权进行 OEM（定牌生产）也是一种一体化的模式。

厂商通过创办联营分厂实行营销的一体化，首先要满足以下四点。

（1）产品在当地有一定的成熟度。

只有通过将产品做成熟，让市场做大、做强，厂商才有机会联合办厂，降低运营成本，不断扩大盈利空间。因此，通过鼓励经销商加大市场拓展力度，不断地对市场进行高密度、高强度的渗透，为争取创办分厂创造条件。

（2）所在市场及其周边区域销量能够支撑该厂。

以建立的该样板市场为核心，辐射和影响周边区域市场，以该区域的整体销量能够支撑该分厂运营为基准，否则，作为厂商所担负风险相对较大，共赢的保障相对降低。

（3）双方共同出资、共同管理。

创办的分厂，一定要双方共同出资，共同对分厂进行财务、人员、物资、物流、采购等方面的管理，提高经销商企业化运作意识，完成从一个单纯的经销商到经销商、制造商双重角色的转变。

（4）定牌生产（OEM）。

厂家要与经销商严格约定。避免经销商"过河拆桥"，同时，也要加大对各级渠道商的监控力度，防止"挂羊头卖狗肉"。

通过组建分厂或就地定牌生产，可以有力地对厂商双方进行"捆绑"，增强对市场的反应速度，提高运作效率，促使市场的灵活运作及完善市场回馈反应机制，让市场持续高速发展。

这种营销模式为厂商带来了不可估量的焦点优势。

（1）集中厂家及经销商资源，可以实现对区域市场的集中爆破。这种合作方式可以促使双方破釜沉舟，同仇敌忾，齐心协力地做好市场。

（2）经销商向制造商的转变，可以提升经销商素质，有利于市场的全面提升。经销商的这种蜕变，有助于产品结构、市场结构、渠道结构的调整和完善，促使经销商转变经营观念，销售更多的营利产品，提升经销商运作市场的高度，拥有共同的市场愿景与开拓市场的冲动。

（3）可以让经销商担当分厂销售总经理，从而可以人力互补，增强对方的责任心。对于厂家来讲，不仅可以节省一个销售总经理的费用，而且，还借此可以让经销商提升预算、核算以及成本意识，提高营利观念，较好地实现企业自身的使命。

（4）通过 OEM 的方式，可以实现另外意义上的"建厂"，方便灵活，有助于市场的方向性、针对性运作。

案例

泸州老窖与桥西糖酒

泸州老窖华北生产基地项目是与桥西糖烟酒合作，投资建立的集生产、仓储、物流、博览、体验为一体的综合性示范基地，最终目标是建立成华北地区最大的白酒灌装基地。桥西糖烟酒正是泸州老窖集团博大公司最大的品牌运营商。泸州老窖联合桥西糖烟酒以及当地政府建设的华北生产基地项目，将泸州老窖与桥西糖烟酒的合作引入到更深层次。

作为河北最大的商贸企业，桥西糖烟酒通过这样的合作实现了从一般贸易商向构建产业链资源的运营商转型，最终合作效果很可能实现上游（厂家）释放产能、中游（大商）释放规模、下游（终端和消费者）获取利益的三方共赢，这不仅将坚固泸州老窖与桥西糖烟酒的合作基础，还直接有利于泸州老窖通过桥西进行区域内的渠道渗透，而这将为泸州老窖未来持续导入产品、占有市场提供有力的保证。

（四）协同营销模式

协同式营销模式是以厂家为上游，供应商与下游的渠道合作商之间通过各自资源的互补达到推动市场网络快速扩展的目的，协同进行营销传播、品牌建设、终端建设、产品促销等方面的营销活动，以达到共享营销资源、巩固营销网络目标，实现厂家与渠道经销商紧密合作，多方获益的一种营销理念和方式，它整合了厂家与经销商之间的资源，改变了经销商单打独斗拼市场，拼资源的局面，厂家参与经销商的市场运作，经销商在厂家帮扶的情况下做市场。

其实，白酒行业厂商合作"1+1"营销模式，是协同式营销模式的一种演变，即厂家派驻业务代表入驻经销商，甚至是在经销商的主导市场设立"办事处"，即"厂家办事处+经销商"。如洋河的"1+1"模式，就是分公司或办事处直接做市场，进行市场开发、维护，品牌推广，消费者教育等，而经销商主要起配合作用。这个时候，厂家人员不仅是上传下达的"市场大使"，更是帮扶经销商开拓市场和维护市场的"操盘者"。厂商"1+1"模式的实质是将厂家的营销系统对接经销商的网络系统，形成"1+1>2"的系统竞合能力。厂商合作打造系统营销模式拓宽了营销价值链，更有利于区域市场的管控和健康发展。

目前市场出现的厂商"1+1"模式，多采取经销商公司就是厂家的"办事处"，由于多数经销商的营销管理水平都比较薄弱，在人员营销素质、团队管理、流程管理、终端管理、促销管理上都比较差，很多情况难以适应厂家的要求。这个时候，厂家的业务员兼任经销商公司的常务副总，会介入经销商公司的日常管理中，帮其制定营销方案，而且要帮其管理市场，为经销商的团队提供专业的培训，帮助经销商重新建立业务流程，同时让经销商参与到厂家的市场推广策略制定中。

洋河的"1+1"模式是分公司加办事处，厂家直接做市场，经销商主要起配合作用。洋河会通过"1+1"厂商合作模式把二流经销商培养成为一流经销商，这从一定程度上保证了洋河经销商对品牌的忠诚度。此外，在洋河蓝色经典的带动下，无论是总经销还是二批商都获得了稳定的收益，洋河和经销商追求的是一种战略上同盟关系。而"4×3"模式包括三方（集团消费、核心酒店、媒体）联动、三位（重点客户部、酒店部、品牌推广部）一体、三大标准（选择经销商标准，指品牌理念、社会背景、资金实力）和三者关系（公司与经销商责任、权利、义务关系）。

总的来说，厂商协同模式，根本上改变了以往区域代理模式与品牌买断模式中，经销商为主导，厂家配合的合作方式，而是厂商联动共同发力做市场，可以说是渠道模式的一种进步。

（五）渠道联营体模式

烟酒店联营体模式是衡水老白干首创的一种流通运作模式，基于市场的二八法则，将核心烟酒店当作酒店去运作，提供利润保障和优质服务，以实现对其背后团购资源的挖掘，进而实现对市场大盘的控制。策略主要包括：将原有联营体客户进一步进行分类，将优质客户独立出来，成立"财富俱乐部"，严格控制成员数量，并针对俱乐部成员，在利润上给予充分保障，同时进行严格管控，实行淘汰制，通过培训、沟通、集体活动等方式强化客户的归属感。

衡水老白干2008年正式将名烟名酒店作为主流渠道实现联营。以石家庄市场为例，衡水老白干首先对城市名烟名酒店进行资源分布收集，并集中调研各个烟酒店的购买力与购买人群，然后分片分区由销售经理逐家登门拜访。当时名烟名酒店还处于起势阶段，所以厂家直接拜访效果非常明显。通过分街道进行谈判签约、一店一策、限区销售的方式，衡水老白干很快拿下石家庄一二线烟酒店。

在合同中，双方明确各自义务与责任。比如，运作目标要求：（1）核心目标是甲乙双方强强合作，争取乙方店内实现十八酒坊单店销量第一，同时甲乙双方密切合作，进行重点单位公关和开发；（2）实行保证金制度，建立刚性价格体系，保证联营体客户利益最大化；（3）进行店内甲方产品生动化展示，活化卖场，营造产品热销氛围。

销售范围要求：甲方委托乙方销售的合同产品为十八酒坊系列酒，乙方必须在本店内销售甲方合同产品，不得将甲方合同产品分销至其他零售商或者向其他区域转售合同产品，否则按照串货处理。特别是产品价格刚性管理，要求甲方合同产品供货价格和返利标准以《2008年石家庄市十八酒坊联销体价格及返利体系》为准。同时，年度销售任务对核心产品也作了定量、定性要求，其中"八年"以上产品的总销售件数不得低于40%，首批进货数量"八年"以上品种的比例不得低于40%。在享受分配机制方面，完成任务者报店租费，另外还有季度完成奖。

在实际运营中，分别实行店内独家促销以及专柜陈列奖。在十八酒坊独家促销期间，乙方不得允许竞争性品牌在其店内进行任何人员促销（包括暗促销）和消费者促销活动。在团购方面，为协助乙方进行单位公关活动，针对乙方上报的重点单位关键人物，甲方为乙方每月提供一定数量的公关用酒，以八年十八酒坊为标准。在人员支持和费用支持方面，委派促销人员进店促销，协助店主销售；委派公关人员，协助店主开发单位团购客户。年终还有联销客户积分奖励等政策。

联营体又悄然开始升级，即分出了黄金级、白金级、钻石级三级烟酒店，这一招又超越了跟随者板城烧锅与山庄老酒。升级版的核心烟酒店联营体叫作99财富俱乐部，即只发展99家，名额锁定，在区域内做动态考核与淘汰。

与第一次联营体不同的是，这些烟酒店在网络公关与销售规模方面都是王者，享受的分配办法里，除了原有的分配方案之外，在提高销售产品档次、销售量的硬门槛之下，多享受了预期利润分配与股权激励机制，还有荣誉职工及俱乐部未来管理委员会轮职会长的机会。正是两级联营模式的互锁，使得十八酒坊在河北中高端市场无其他地产品牌能敌，烟酒店的销售贡献占到了整体的70%以上，如果持续推进，这种模式很可能与泸州老窖2006年实行的经销商股权定向增发的合作模式相似。

（六）配送式营销模式

配送式销售体制首先开创于伊利冰淇淋，这种销售模式采用营销网络通路整合方案来优化销售渠道，将经销商，变为配送商，实行"一级调控、二级配送、服务终端"的科学分销模式。即以市场为导向，重新定义客户概念，对渠道进行优化，实行调控配送和服务为一体的科学分销模式。

作为厂家，通过借助现有经销商的物流配送平台，打造跨区域的物流配送体系，对于厂商双方共赢有着非同寻常的意义。一方面，它可以弥补厂商双方日益缩水的利润，同时也可以借助经销商的配送力量，提高产品配送速度，有利于厂商双方更好地参与市场竞争；另一方面，厂家通过给予经销商一定的补贴及奖励，通过对配送商的考核，对他们给予不超出行业及企业标准的物流配送费用，对于表现优异的，给予额外奖励，借此激发了经销商的参与热情，极大提高了其营利能力。

伊利在全国500多个地级以上城市建立起产品销售网络后，一改过去85%的冰淇淋销售依靠总经销商完成的局面，变成90%的冰淇淋产品通过自己的网络来完成，缩短了企业与消费者的距离，加强了二级网络和终端的控制能力和配送服务功能。如今，伊利的新产品，3天内便可送达95%以上的市场。

在伊利主推配送体制之后，蒙牛、华义、德氏等跟随的配送分销制新模式也在快消品行业逐渐推广起来，一时间到处是精心构筑的配送平台，随着企业对终端店的管理和对消费者的服务上了一个新台阶，渠道发挥了更多的推广新品和销量增值的作用。

（七）伙伴式营销模式

伙伴式营销模式，就是以经销商为主体，厂家为辅体，共同经营市场。

这种营销模式，就是厂家把公司的经营平台前移到市场中，将复杂的事情简单化，将所有诸如推广、促销、售前、售后等市场资源前置给中间的经销商，建立起快速反应、迅速决策的市场机制。

厂家作为品牌供应商只需做好两件最核心的工作：产品研发与制造及品牌推广；而经销商则有效肩负起厂家在前台的各项市场开拓、网点管理、市场维护等职能。从而更好地发挥了总部、地方两级的积极性，让产业链上的每一个营销环节都成为带动企业前进的"动力源"。在这种模式中，厂家和渠道都保留了自己的独立性，在品牌和产品的纽带下，依靠责任分工的不同，各自拥有较为全面的自主性和操作空间。

这种营销模式改变了传统的以厂家为营销主导的操作习惯，使身处营销一线的渠道经销商成为渠道深化的有效支持和服务平台。经销商能够因地制宜，有效合理地使用资源，并形成市场动态快速反应的有效保障。

这个时候厂家实际操作职能则逐渐弱化，转为指引、管理、监控、检查等功能。所以对于厂家来说，为了使经销商能够无缝配合企业的发展步伐，厂家需要不断通过提供培训、技术支持、一定的财务支持和有效的信息管理，以进一步提升各级前沿经销商的业务能力和服务能力。特别是在理念和向心力方面，企业要不断对他们进行管理洗脑，把它们变成厂家的不可分割的有机部分，把经销商提到公司运营管理组织，才能保证渠道的忠诚和活力，建立起全面的渠道服务体系，实现渠道软性力量的增强。最新营销观点认为，提高经销商的管理能力，也就提高了渠道的质量，这比多给经销商几个点的返利更有建设意义。以客为主营销模式，就是通过厂家为经销商提供较多的培训和服务，传递的数量越多、质量越高，这个渠道的功能就越强，渠道质量就越高，深度分销就做得越好，厂家的投入成本就越低。

这种营销模式对于新生或弱小品牌来说非常有用，因为它们对经销商的要求门槛较低，通过招商快速构建销售渠道并广泛覆盖市场。一方面可以吸引到众多的有资金实力的经销商，使自己产品处于主动地位，另一方面有利于市场快速建网、覆盖终端和深度操作，使厂家和经销商更容易建立起有效的战略联盟体。

（八）厂商同体模式

在这个强调资源整合的市场环境下，此厂与彼厂渠道嫁接的销售规模引人遐想。同时运作红星与椰岛的江西海昌商贸公司负责人曾发表看法说，在两个条件下，将来肯定会有更多的这类模式出现，一个条件是双方的产品不能有冲突，可以是不同品类，也可以是同一类中互不冲突的两个分类产品；二是渠道和终端必须有较大的共同点，否则由于业务员精力不足或操作时间的冲突，而无法运作。其实这样的产品组合，在一般性商贸企业已经使用得较为纯熟。

（九）商会联谊模式

商务会所形式构建的厂家与经销商互动平台，在市场开发与秩序维护、价值观一体化方面有所帮助，但这种模式很容易虚拟化，最终流于形式。不过对于特殊的市场来说，这样的厂商组织显然还是有相当不错的效果。

商会的重点工作包含以下四项。

第一，把握商会性质，强化服务意识。充分发挥商会的桥梁作用，深化合作、强化交流、信息互动、共同发展，努力营造一个互信、互利、平等、协作的良好氛围。

第二，着眼商会自身，做好组织建设。

第三，组织商会活动，深化互动交流。每年不定时间、不定地点组织召开2-3次销商商会会员会，探讨企业发展大计，总结工作经验，表彰先进会员单位。同时，根据会员需求，定期或不定期组织培训和开展会员单位学习交流会。

第四，合理发展会员。严格按照章程要求，注重质量发展会员，稳步壮大商会组织，适时扩充会员队伍。

纵观那些做强做大的企业或者快速发展的企业，无不拥有着厂商一体化的营销模式，虽然各自在一体化营销思路各存差异，但都是根据自身企业特征而制，创造无人竞争差异化优势。所以厂商一体化操作的关键模式是怎样的，这取决于企业对这些营销模式的把握程度。通过采用上述组合的厂商一体化营销的模式、理念和方法，以及具有竞争力的产品和良好观念的营销团队，相信必定能够实现厂商共赢，打造极具竞争力的差异化优势，稳居企业龙头地位。

参考文献

[1] 梅明平.厂商共赢战略：全渠道设计、开发与协同管理 [M].北京：电子工业出版社，2023.

[2] 赵威，段小力.市场竞争对产品质量的影响及其数字化治理研究 [M].北京：中国经济出版社，2023.

[3] 佘镜怀，刘柳，张祺.企业资源规划（ERP）原理与实训 [M].北京：首都经济贸易大学出版社，2023.

[4] 梅明平.经销商激励：[M].2版.北京：电子工业出版社，2023.

[5] 崔丙群.双驱动营销：激活经销商的核心策略 [M].北京：经济管理出版社，2023.

[6] 戈军珍.决胜渠道：经销商开发与赋能实践 [M].石家庄：河北科学技术出版社，2022.

[7] 梅明平.经销商管理 [M].4版.北京：电子工业出版社，2022.

[8] 潘泽清.商业模式解析：商业模式画布的运用 [M].北京：九州出版社，2022.

[9] 张宇.快消品经销商这样做才赚钱 [M].北京：中华工商联合出版社，2021.

[10] 董国姝.不同供应链金融模式下的企业定价与订货策略 [M].杭州：浙江大学出版社，2021.

[11] 廖永胜，赵亚豪.零售精细化管理手册 [M].北京：机械工业出版社，2020.

[12] 梅明平.周转、周赚：新零售时代经销商盈利宝典 [M].北京：电子工业出版社，2021.

[13] 赵玉琦.边界：商业模式创新 [M].北京：中国纺织出版社有限公司，

2021.

[14] 唐道明.大商方法：榜样经销商与厂家的合作之道［M］.北京：北京燕山出版社，2020.

[15] 曹文琴.基于产品差异性的厂商竞争与合谋博弈研究［M］.成都：西南交通大学出版社，2021.

[16] 唐杰，何杰.经济通识［M］.北京：机械工业出版社，2020.

[17] 李庆丰.商业模式与战略共舞［M］.北京：北京时代华文书局，2020.

[18] 卢现祥，罗小芳.微观经济学［M］.北京：经济科学出版社，2020.

[19] 潘文富.经销商还能做多久：自身变革的66个创新点［M］.北京：中国铁道出版社，2019.

[20] 高向坤，徐小琴，张琼.经济学基础［M］.武汉：武汉理工大学出版社，2019.

[21] 艾家凯.新经济形态与流通治理规则［M］.北京：法律出版社，2018.

[22] 施炜.深度分销：掌控渠道价值链［M］.北京：企业管理出版社，2018.

[23] 潘文富，黄静.万能供应商：供应商玩转大卖场［M］.广州：广东经济出版社，2017.

[24] 赵国锋.激活经销商 "微"时代经销商的运营之道［M］.北京：中国经济出版社，2015.

[25] 宋健.经销商公司化管理［M］.北京：企业管理出版社，2015.

[26] 小鱼传媒.大商之道［M］.北京：企业管理出版社，2014.